디지털 트랜스포메이션은 인공지능이나 데이터가 발전하면 저절로 성공하는 것이 아니다. 저자는 이 책에서 사용자 경험을 고려한 전략 수립과 기획은 물론 인공지능과 데이터 활용의 중요성을 강조한다. 결국 사람(고객과 직원)을 중요하게 생각하는 사용자 경험이 디지털 트랜스포메이션 성공의 핵심이다. 디지털 트랜스포메이션 분야의 저명한 전문가가 들려주는 생생한 성공과 실패 사례를 통해 통찰을 얻길 바란다.
—현신균, LG CNS 대표

왜 아직도 수많은 기업이 디지털 트랜스포메이션에 실패할까? 키오스크로 주문하는 일에는 익숙하지만 그와 별개로 성공적인 디지털 트랜스포메이션은 여전히 많은 기업의 고민이다. 저자는 디지털 경험 분야의 유능한 실무자이다. 이 책에는 저자가 우리나라 유수의 대기업들을 거치며 디지털 트랜스포메이션의 현장에서 직접 경험한 사례들이 담겨 있다. 디지털화의 진정한 성공을 위해 주목하고 고민해야 할 총체적인 디지털 경험을 체계적으로 알기 쉽게 설명하고 있다. 이 책을 통해 디지털 트랜스포메이션의 풀리지 않았던 많은 고민에 대한 해답을 얻을 수 있으리라 기대한다.
—김지현, 삼성SDS CX혁신팀 상무

고객 경험 개선이나 인공지능 등의 신기술 도입으로 디지털 트랜스포메이션은 성공할 수 있을까? 불행하게도 기업들은 많은 투자를 하고도 디지털 트랜스포메이션에 실패한다. 저자는 학문적인 지식과 오랜 실무 경험을 기반으로 디지털 트랜스포메이션의 필수 성공 개념을 다양한 기업의 사례와 함께 설명하고 있다. 이 책은 사용자 경험 실무자와 전략가뿐만 아니라 성공적인 디지털 트랜스포메이션을 만들기 위해 고민하는 모든 이에게 충분한 인사이트를 제공할 것이다.
—김태윤, 삼성화재 디지털Tech팀 상무

이 책은 사용자 경험에 관한 책이지만 가벼운 디자인 기법을 다루는 것이 아니다. 사용자라고 하면 디지털 세계의 행인을 상상하거나 경험 디자인이라고 하면 기분 디자인으로 생각하기 쉽다. 적당한 감각과 지식을 가지고 디자인하면 전문적이라고 착각할 수도 있다. 그렇다. 그것은 착각이다. 이 책에서의 사용자는 일하는 인간이다. 그리고 그 결과는 생산성이자 기업의 흥망이다. 그래서 이 책은 한 번 읽고 지나갈 내용을 쓴 것이 아니다.

디지털 트랜스포메이션은 디지털로 가는 세상이다. 종이 없는 오피스라고 하지만 종이가 번잡하니 쓰지 말고 컴퓨터로 하자는 이야기가 아니다. 디지털로 변해야 하는 것은 매체가 아니라 방식이다. 사람들 사이에선 커뮤니케이션 방식이고 고객에게는 소비의 방식이고 그리고 가장 정색할 수밖에 없는 우리들의 직업, 우리들의 일에서는 업무의 방식이다. 디지털 트랜스포메이션은 한 기업의 의사결정 능력과 효율성과 유능함의 기반이다.

기업은 컴퓨터와 인간이 함께 일하는 시스템이다. 정보는 가공되어 화면에 정리되어 나오고 인간은 검토하고 선택하고 결정을 내린다. 디지털은 직무와 직무 사이에 또 아래위로 커뮤니케이션을 담당한다. 정작 일에 필요한 정보가 여기저기 흩어져 있거나 일부 잘못 강조되고 일부 숨겨져서 정확한 판단을 방해한다면 작은 일이 아니다. 기술자에게 맡겨 둘 프로그램이나 디자인 문제가 아니다. 한 명의 직원을 뽑기 위해 얼마나 많은 면접을 하는가? 그러나 기업에서 사용하는 업무 시스템은 수백 명의 직원과 수십 개의 사무실의 역할을 한다. 디지털 트랜스포메이션은 경제이며 경영이다. 그리고 그 설계의 뒤엔 미적 감각 이전에 과학이 있다. 그것이 인지공학이다.

저자는 인지공학자이다. 드물다. 거기에 20여 년을 여러 대기업을 상대로 사용자 경험과 업무 시스템의 트랜스포메이션을 기획한 경험이 있다. 그런 지식과 경험을 시간의 융합을 거쳐 키워온 전문가가 우리 사회에 몇이나 될까? 그래서 저자는 그 지식과 경험을 이 책을 통해 나누려 한다. 가히 우리나라의 지식 직무 생산성이 획기적으로 발전하는 밑거름이 될 수 있다고 본다. 그리고 덧붙이자면 책이 절절히 충실하고 재미있기까지 하다.

─윤완철, KAIST 산업및시스템공학과 명예교수

최근 챗GPT가 몰고 온 가히 파괴적인 인공지능 돌풍이 거세다. 그러한 때 마침 이 책의 출간은 매우 시의적절하다. 디지털 혁신이 인간의 정보처리를 도와주는 수준이 아니라 '창조'해내는 데 이르렀기 때문이다. 이 책은 지금과 같은 때에 '과연 인간의 역할은 무엇인가?' '우리 비즈니스는 어떻게 변해야 하는가?'에 대한 질문에 많은 해결점을 전해주고 있다. 디지털 시대가 도래하면서 많은 기업이 디지털을 도입할 때 '디지타이징Digitizing'과 '디지털라이징Digitalizing'을 혼동하여 실패하는 경우가 많다. 디지타이징은 그야말로 아날로그 자료를 디지털 자료로 단순히 바꾸는 것이다. 가령 인화된 사진을 스캔하면 아날로그 사진이 디지털 파일로 변하는 것이다. 하지만 디지털라이징은 이 책에서 강조하고 있듯이 기존의 비 디지털 사업을 단순 디지털 자료로 바꾸거나 웹·앱 등을 만드는 게 아니라 다양한 관련 당사자들의 인간 중심적인 경험연구를 기반으로 디지털에 맞는 완전히 다른 구조로 바꾸는 것을 말한다. 일본의 닌텐도는 본디 일본 화투를 제조하는 곳에서 지금의 게임회사로 완전히 탈바꿈한 성공적인 디지털 트랜스포메이션 사례이다.

저자는 인지공학을 전공한 뒤 다양한 사용자 경험 디자인을 대기업에서 리드해왔고 또 최근에는 컨설팅을 하는 학제적 실천가이다. 그러다 보니 이 책은 기업인과 사용자 경험 디자이너 등의 다분히 실무 중심의 독자층을 위해 집필되었다. 하지만 제시된 방법론이나 이론적 프레임 워크는 대학에서 교재로도 충분히 활용할 만하다.

—이건표, 홍콩 이공대학교 디자인대학장

사용자 경험은 지난 20여 년 동안 우리나라에서 매우 성공적으로 정착한 분야이다. 전 세계적으로도 정착을 매우 잘한 분야이다. 사용자 경험은 전통적인 산업에도 적용해야 하는 내용이지만 잘 정착했던 분야는 디지털 산업이었다. 1980년대 개인용 컴퓨터 이후에 정보의 양과 복잡도의 증가로 디지털 영역에서 빠르게 산업적으로 정착했다. 이때 사용자 경험의 핵심 가치는 '사용자 중심 디자인'이었다. 서비스 영역과 공간 같은 영역에서도 사용자 경험의 개념은 재조명되었고 융합적 접근으로 모든 산업에 적용되었다.

사용자 경험의 영역이 확장되면서 B2C 중심의 시장에서 B2B와 B2G 시장으로 사용자 중심 디자인은 논의되었다. B2G 시장에서의 사용자 중심 디자인은 사용자 경험이라는 단어보다는 서비스 디자인이 한국에서는 더 많이 사용되었고 B2B 시장은 일부 컨설팅 회사에서 수행했다. B2C 시장에서는 사용성을 중시하고 B2B 시장에서는 효율성을 중시하고 있다. B2B 시장에서의 사용자 경험 접근에 대해서는 제대로 연구가 진행되지 못했다.

B2B 사용자 경험을 가장 잘 정리할 수 있는 사용자 경험 전문가는 이동석 대표라고 평소에도 생각하고 있었다. 사용자 경험에 관한 이론적 체계를 확실히 가지고 삼성전자, LG전자, SK텔레콤, 삼성SDS, LG CNS 등 국내 주요 사용자 경험이 활성화된 기업에서 근무했고 B2B 회사인 고영 테크놀로지에서도 근무했기 때문이다. 이번에 낸 책을 보니 B2B보다는 디지털 트랜스포메이션에 집중해서 구성했다. 훨씬 집중되는 단어이면서 현실을 잘 반영한 것으로 생각한다. 디지털 트랜스포메이션에서 일어나는 문제점을 현실적인 감각으로 잘 파악했고 고객 경험과 직원 경험이라는 관점과 그것을 통합적 프로세스로 잘 설명했다. 인공지능 기술이 접목되었을 때도 도움이 되는 방법론을 간단하지만 매우 핵심적으로 잘 구성했다.

디지털 트랜스포메이션은 모든 기업이 피할 수 없는 변화인데 가장 저렴하면서도 성공률을 높이는 방법이 사용자 경험을 고려하는 것이다. 고객을 고려해서 제품을 만드는 것은 당연하다. 디지털 트랜스포메이션 역시 고객을 고려하는 것이 당연한 일이다. 이 책은 실무자뿐만 아니라 경영자나 컨설팅 담당자에게도 도움이 된다. 또한 사용자 경험의 적용 범위를 넓히고자 하는 분들이라면 필독할 것을 권하고 싶다.

—반영환, 국민대학교 조형대학 AI디자인학과장

사용자 경험 디자인의 철학과 방법론은 다양한 업계에 적용할 수 있다. 그렇기 때문에 현업의 프로페셔널들은 성장의 기회가 많은 만큼 배워야 할 지식도 많은 것이다. 이 책은 소비재 제품에서 시작하여 기업용 제품과 시스템까지, 제품을 사용하는 고객에서 그것을 만들어가는 기업 조직의 직원까지, 디자인 도메인을 개척해가며 커리어를 넓혀온 저자가 문제를 바라보는 통찰력과 그것을 풀어가는 사고의 방식을 담고 있다.

디지털 트랜스포메이션은 거대한 변화의 파도이며 많은 분야에서 진행 중이다. 기회가 많은 만큼 제대로 하는 것이 중요하다. 이 책을 통해 디지털 트랜스포메이션 역시 그 중심에는 사람이 있으며 사람을 중심으로 한 사고와 접근 방식이 일의 과정과 결과를 어떻게 바꿀 수 있는지 배우게 될 것이다.

—김준환, 삼성전자 MX사업부 UX팀

사용자 경험 분야에서 기업 사용자 경험과 디지털 트랜스포메이션 사용자 경험DT UX을 가장 잘 이해하고 수행할 수 있는 전문가를 추천하라면 주저 없이 이동석 대표를 추천하고 싶다. 저자는 특화된 자기만의 전문성을 가진 '진짜 전문가'가 부족한 사용자 경험 업계에서 오랜 연구와 실무 경험을 바탕으로 현재 독립 컨설팅 회사를 운영하고 있다. 이 책은 업계에 꼭 필요한 내용을 담고 있다. 대표이사부터 사용자 경험을 공부하려는 학생까지 누구나 '아하!' 할 수 있도록 친절히 안내하는 기본서이다. 더욱이 중간중간 저자가 오랜 기간 해온 사용자 경험 산출물의 예시가 들어 있어 업무 프로세스에 대한 깊이 있는 이해에도 도움을 준다.

사실 이 분야는 탄탄한 기본기를 바탕으로 많은 연구와 실무 프로젝트를 실제 수행하기 전까지 접근하기 쉽지 않다. 하지만 원래 사용자 경험 분야가 성숙하려면 필수적으로 뿌리를 내려야 한다. 미국에서는 오랜 기간 인트라넷, 업무용·생산성 소프트웨어 사용자 경험 분야의 경험을 바탕으로 특화된 전문 영역이 만들어졌다. 이동석 대표의 노력으로 국내에도 많은 기업 사용자 경험과 디지털 트랜스포메이션 사용자 경험 분야의 전문가와 우수한 사례가 나오길 기대해본다.

—이지현, 서울여대 산업디자인학과 교수

DX
by
UX

DX by UX

디엑스 바이 유엑스

사용자 경험 중심으로
디지털 트랜스포메이션하라!

이동석 지음

〔일러두기〕
이 책에서는 사용자 경험UX을 아래와 같이 정의했습니다.

- 사용자 경험UX, User Experience: 고객 경험과 직원 경험을 합친 용어(사용자=고객+직원)
- 고객 경험CX, Customer Experience: 상품을 사용하는 최종 사용자인 고객이 느끼는 모든 것
- 직원 경험EX, Employee Experience: 직원이 업무를 수행하며 느끼는 모든 것

서문

디지털 트랜스포메이션을 한마디로 말하면 아날로그로 하던 것을 디지털로 하는 것이다. 매장에 가서 상품을 고르고 결제하고 배달받던 구매를 웹사이트에서 하고 은행에 가서 번호표를 뽑고 직원에게 문의하여 서류를 작성해서 신청하던 대출을 모바일 앱으로 하는 시대이다.

기업의 업무 프로세스도 확 바뀌었다. 예전에는 근무시간 중에 매장의 재고를 파악하여 본사 담당자에게 전화해서 다음 날 배송받을 물품을 주문했다. 이제는 점주용 앱에서 자동으로 파악된 재고와 다음 날의 예상 판매 데이터를 보면서 밤 12시 전까지만 주문하면 된다. 비행기 급유량도 조종사가 본인의 경험과 판단으로 추가 급유량을 전화로 알려주던 것을 업무용 앱에서 승객과 수화물의 무게와 현재의 공항 상황 데이터를 보면서 정확하게 입력할 수 있게 됐다. 이미 이루어지고 있는 잘된 디지털 트랜스포메이션 사례이다.

그러나 보스턴 컨설팅 그룹에 따르면 디지털 트랜스포메이션의 70%는 실패한다고 한다.[1] 나도 여러 디지털 트랜스포메이션 과제에 참여해봤는데 다음과 같은 실수를 한다. 첫째, 지나치게 기술 중심으로만 추진되어 시스템의 중요 요소인 인간을 생각하지 않는다. 둘째, 데이터를 어떻게 활용할지 정의하지 않고 모으기만 한다. 셋째, 차별화된 고객 가치 없이 웹사이트와 모바일 앱을 만들기만 하면 비즈니스가 잘될 것으로 생각한다. 넷째, 직원들이 일하는 방식의 혁신 없이 차별화된 고객 가치를 제공하는 기획을 한다.

반면 디지털 트랜스포메이션을 오랜 기간 수행해온 회사들은 최근 전략을 수정하고 있다. 그 중심에는 UX라고 알려진 사용자 경험user experience(고객 경험+직원 경험)이 있다. 사용자 경험을 고려한다는 것은 인간을 고려한다는 것이고 인간이 어떻게 데이터를 사용할지 파악한다는 것이다. 또한 고객이 어떤 웹사이트와 모바일 앱이 필요한지 안다는 것이고 직원들이 주어진 업무를 빠르고 정확하게 수행하게 한다는 것이다.

사용자 경험은 이미 잘 알려진 분야이다. 주로 모바일 앱, 웹사이트, 그리고 소프트웨어에 적용되어 그 가치를 입증해왔다. 또한 적용 분야가 계속 넓어지고 있다. 사용자 경험에 관심이 적었던 금융 회사와 제조 회사에도 전담팀이 꾸려졌으며 메타버스나 인공지능 서비스 회사도 전문가를 채용하고 있다. 무엇보다도 전 세계에서 팬데믹으로 디지털 트랜스포메이션으로의 전환이 급격하게 일어나면서 사용자 경험의 중요성은 더욱 커지고 있다.

디지털 트랜스포메이션은 고객들이 많이 사용하는 모바일 앱과 웹사이트를 만들어서 비즈니스가 더 잘되게 하고 고객에게 이전에는 어렵던 새로운 서비스를 제공하고 직원들이 업무를 더 효과적으로 수행할 수 있게 하려는 것이다. 무엇보다 대규모 투자와 함께 진행되는 디지털 트랜스포메이션 과제에서 사용자 경험의 역할은 더욱 커진다. 사용자 경험을 통해 '잘된 기획'과 '개발 전 검증'이 가능하기 때문이다. 지금도 많은 O2O Offline to Online 서비스들이 사용자 경험을 고려하지 않고 개발되었다가 출시 후 얼마 되지 않아 시장에서 사라지고 있다. 현재 사용자 경험은 모바일 앱과 웹사이트 중심으로 발전되어 왔다. 그런데 이 방법론은 효율적인 디지털 트랜스포메이션 과제에서 활용되기에 부족함이 있다.

첫째, 대부분의 디지털 트랜스포메이션 과제는 고객 경험과 직원 경험을 한꺼번에 바라보고 혁신해야 한다. 그런데 현재의 사용자 경험은 직원 경험을 간과하는 경향이 있다. 모바일 앱은 깔끔하게 만들었으나 직원들의 업무는 이전의 아날로그 방식으로 진행되어 고객 입장에서는 좋아진 것이 별로 없다고 느끼게 된다. 예컨대 고객 직접 판매 서비스를 만들었지만 기존 아날로그 판매 방식과의 조화를 간과하여 고객이 거의 방문하지 않기도 한다. 생산 공정상의 모든 데이터를 모았지만 어떻게 활용할지 정의하지 않아서 실질적 활용이 불가한 사례도 있다.

둘째, 많은 디지털 트랜스포메이션 과제들이 전략 수립 후 바로 개발을 진행한다. 그런데 전략 단계에서 그 이후의 고객 경험과 직원 경험에 대한 면밀한 검토가 이루어지지 않고 있다. 결국 개발 중 문제가 계속 발견되어 여러 이해당사자들이 난감한 상황에 빠지게 된다. 작은 벤처 회사들과 1등 회사들은 이를 예방하기 위해 빠르게 만들어보고 고객에게 검증하는 린 Lean 개발 방법을 쓰고 있다. 하지만 아직 디지털 트랜스포메이션 과제에는 이 활동이 부족하다.

마지막으로 셋째, 역량 문제가 있다. 현재 활동 중인 대부분의 사용자 경험 전문가들과 에이전시들은 기존 서비스를 더 잘되고 완벽

하게 하는 역량 위주로 발전시켜왔다. 하지만 디지털 트랜스포메이션 과제는 프로젝트가 크고 복잡하며 없던 서비스를 새롭게 만들거나 다른 분야에서 성공한 방식을 해당 분야에 맞게 수정해야 한다. 그러다 보니 많은 디지털 트랜스포메이션 과제에서 사용자 경험 전문가들이 일하고 있지만 경험을 혁신한 사례는 거의 나오고 있지 않다. 성공적인 디지털 트랜스포메이션을 위해서는 새로운 서비스를 기획하고 직원 경험을 함께 고려하고 일하는 방식의 혁신을 위한 프로세스 혁신 역량이 필요하다.

　기업들은 IT 기술의 발전, 특히 인공지능과 데이터 분야의 발전과 팬데믹으로 인해 바뀐 환경에 대처하기 위해 빠르게 디지털 기업으로 변화하고 혁신을 추진하고 있다. 하지만 고객 경험과 직원 경험을 혁신하기는 쉽지 않다. 누구나 할 수 있는 것처럼 보이지만 실제로는 어려운 것이다. 왜 어려울까? 왜 많은 회사가 애플처럼 심플한 경험을 제공하는 상품을 만들지 못하는가와 동일한 질문이다(애플은 아이폰과 같은 소비재consumer 제품뿐만 아니라 IBM과 진행한 기업용 업무 시스템이 대상인 모바일 퍼스트Mobile First 과제에서 직원 경험을 심플하게 만들어서 업무 생산성을 극대화한 사례를 보여주었다). 그러기 위해서는 고객 경험과 직원 경험을 면밀하게 들여다보고 세밀하게 기획하는 역량과 이를 뒷받침하는 상품 개발 프로세스가 필요하다. 고객이 느끼는 심플함과 기획과 개발에 드는 노력의 양은 반비례한다.

　이 책은 7장으로 구성되어 있다. 1장에서는 사용자 경험 관점의 디지털 트랜스포메이션이 필요한 이유를 다루었다. 2장에서는 디지털 트랜스포메이션 과제에 필요한 사용자 경험의 특징에 대해 정리하였다. 3장에서는 간과되기 쉬운 직원 경험의 특징을 설명하였다. 4장에서는 고객과 직원을 모두 고려하는 총체적 경험 관점에 대해 살펴보았다. 5장에서는 총체적 경험 관점으로 디지털 트랜스포메이션을 추진하는 프로세스를 소개하였다. 6장에서는 최근 중요해진 인공지능과 데이터를 활용한 경험 혁신에 대해 논의하였다. 7장에서는 디지털 트랜스포메이션을 추진하기 위한 실제적인 접근법을 소개하였다.

   이 책을 통해 기업의 디지털 트랜스포메이션 추진 실무자와 프러덕트 매니저PM에게는 성공적인 과제 수행을 위한 가이드를, 전략 담당자와 컨설턴트에게는 경험 중심의 디지털 트랜스포메이션의 관점을, 사용자 경험 전문가에게는 디지털 트랜스포메이션 사용자 경험의 특성을 설명한다. 이 책이 성공적인 디지털 트랜스포메이션에 기여하기를 바란다.

2023년 3월
이동석

목차

서문 • 5

1장 왜 디지털 트랜스포메이션에서 사용자 경험 관점이 중요한가 • 15

1 이미 디지털 트랜스포메이션은 활발하게 진행 중이다 • 17
2 디지털 트랜스포메이션은 생존이 달린 문제다 • 22
3 왜 디지털 트랜스포메이션 과제에 실패하는가 • 26
4 디지털 트랜스포메이션은 사용자 경험의 혁신이다 • 40

정리 • 45

2장 디지털 트랜스포메이션에서 사용자 경험은 어떤 특징이 있는가 • 47

1 고객 경험 관점만으로는 충분하지 않다 • 49
2 사용자 경험 모델은 어떻게 만들어져야 하는가 • 61

3   사용자 경험의 효과는 어떻게 측정하는가 • 68

정리 • 74

3장   디지털 트랜스포메이션에서 직원 경험은 어떤 특징이 있는가 • 75

1   디지털 트랜스포메이션은 일하는 방식을 바꾸었다 • 77
2   개발자가 만든 직원 경험의 문제는 무엇인가 • 83
3   직원이라는 사용자의 특징은 무엇인가 • 95
4   직원 경험 과제의 특징은 무엇인가 • 106
5   왜 컨슈머라이제이션이 중요한가 • 116

정리 • 122

4장   왜 디지털 트랜스포메이션에서 총체적 경험 관점을 가져야 하는가 • 123

1   고객과 직원을 모두 고려하는 총체적 경험이 중요하다 • 125
2   기술 중심 디지털 트랜스포메이션에는 한계가 있다 • 129
3   경험 기반의 디지털 트랜스포메이션 기획이 필요하다 • 133
4   무엇을 디지털 트랜스포메이션할 것인가 • 136
5   어떻게 디지털 트랜스포메이션할 것인가 • 145
6   전략 수립과 사용자 경험 역량의 통합이 이루어져야 한다 • 152

정리 • 157

5장   디지털 트랜스포메이션에서 총체적 경험은 어떤 프로세스로 진행되는가 • 159

1   굿 디자인이 굿 비즈니스이다 • 161
2   고객 경험과 직원 경험의 다른 점은 무엇인가 • 166
3   경험 관점의 프로세스 혁신을 수행해야 한다 • 172
4   사용자 경험 기획 프로세스는 어떻게 진행되어야 하는가 • 178
5   경험 중심으로 전략과 실행이 연결돼야 한다 • 190

정리 • 201

6장 디지털 트랜스포메이션에서 인공지능과 데이터는 어떻게 활용되는가 · 203

1 사용자 경험에서 인공지능의 역할이 중요해졌다 · 205
2 사용자 경험에서 데이터의 활용 범위가 넓어졌다 · 214

정리 · 226

7장 어떻게 디지털 트랜스포메이션을 추진할 것인가 · 227

1 디지털 트랜스포메이션 과제는 종합 예술과 같다 · 229
2 성공에 기여하는 사용자 경험 전문가의 요건은 무엇인가 · 239

정리 · 244

미주 · 245

1장
왜 디지털 트랜스포메이션에서 사용자 경험 관점이 중요한가

1
이미 디지털 트랜스포메이션은 활발하게 진행 중이다

2011년 넷스케이프 창업자 마크 앤드리슨Marc Andreessen은 『월스트리트 저널』에 「소프트웨어가 세계를 집어삼키는 이유Why Software Is Eating The World」라는 칼럼을 기고했다.[2]

"영화에서 농업, 나아가 국방에 이르기까지 점점 더 많은 주요 산업들이 소프트웨어에 의해 운영되고 온라인 서비스를 통해 제공될 것이다. 그리고 많은 승리자가 실리콘밸리 스타일의 기존 산업 구조를 뒤엎은 기술 벤처 회사들일 것이다. 나는 10년 후에는 더 많은 산업이 소프트웨어에 의해 대체될 것이고 많은 부분을 새롭게 등장한 그 분야 최고의 실리콘밸리 회사들이 해낼 것이라고 예상한다."

그의 예상은 현실화되고 있다.

소프트웨어는 우리 일상에 상당한 영향을 끼치고 있다. 이미 쉽게 경험하고 있다. 나 역시 마찬가지다. 골프 약속일 며칠 전이었다.

모든 산업의 소프트웨어화

골프장에서 안내 문자가 왔다. 링크 주소에 들어가 사전 체크인 안내에 정보를 입력하면 줄 서지 않고 들어갈 수 있다는 내용이었다. 실제로 링크를 누르니 모바일 웹사이트로 연결되었고 미리 체크인을 한 동반자가 보였다.

분식점의 풍경도 완전히 바뀌었다. 요즘 분식점에 가면 주문은 키오스크에서 스스로 해야 한다. 점원에게 주문하는 것보다는 사용이 편하지 않다. 하지만 매장 운영에는 상당한 도움이 된다. 이 키오스크 덕분에 점원들이 해야 할 일이 줄고 매장 점주 입장에서는 그만큼 인건비 부담이 줄기 때문이다.

IBM은 애플의 사용자 경험 전문가와 함께 비행기 출발 직전에 추가 급유량을 입력하는 아이패드 앱을 만들었다. 기존에는 비행기 조종사가 본인의 비행 경험에 의존해 급유량을 결정하는 바람에 비싼 항공유가 불필요하게 낭비되고 있었다. 그런데 이 앱을 사용하면 급유량 결정에 필요한 4가지 정보인 대체 공항, 지상 이동시간, 공중 대기시간, 경로 우회 시간만 입력하면 비행기의 무게를 고려

일상 속 소프트웨어

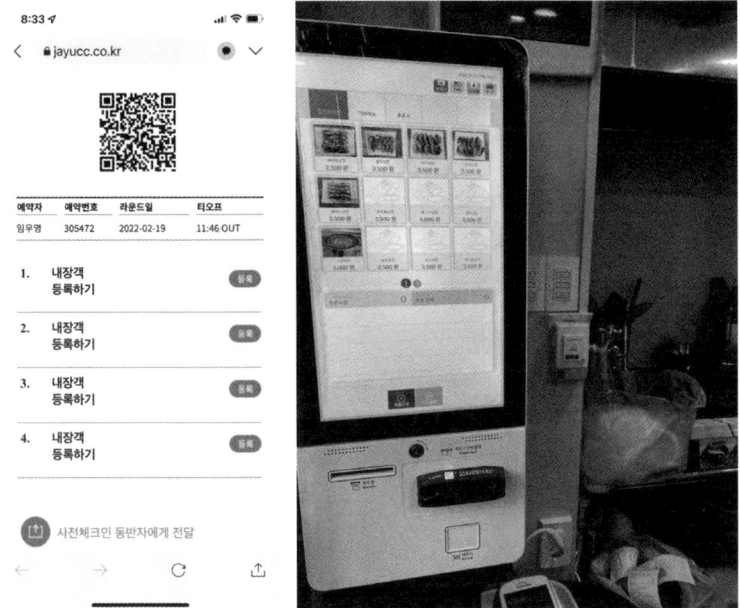

골프장 모바일 사전 체크인 웹페이지와 분식점에 설치된 주문 키오스크

해서 추가 급유량을 알려준다. 항공사는 앱 사용으로 낭비되던 연간 수백만 달러의 연료비를 절약할 수 있었다.

소프트웨어가 세상을 장악한다는 예언은 현실이 되고 있다. 우리가 스마트폰을 사용하게 되면서 이미 자명종, 계산기, 사전, 지도, 사진첩, 메모장, 전화번호부 등이 사라지고 있다. 또한 모바일 서비스가 확대되면서 지갑에 신용카드를 가지고 다니지 않게 되었고 은행 지점까지도 없어지고 있다. 이 중심에 디지털 트랜스포메이션 Digital Transformation이 있다. 디지털 트랜스포메이션은 이미 굉장히 많은 영역에서 광범위하게 진행 중이며 팬데믹으로 인해 더 빠르게 확산되고 있다.

IBM의 항공기 추가 급유량 입력 앱

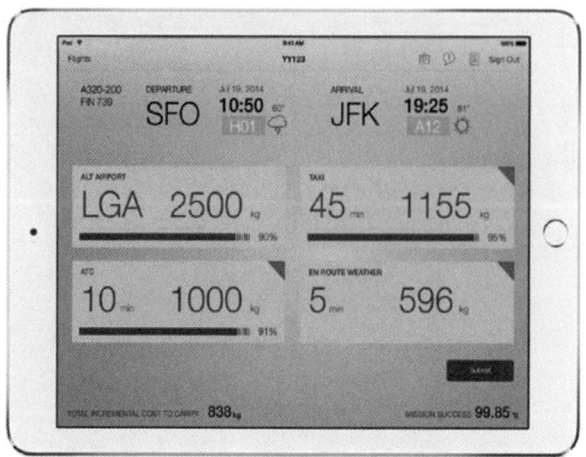

이 앱을 사용하면 급유량 결정에 필요한 4가지 정보인 대체 공항, 지상 이동 시간, 공중 대기시간, 경로 우회 시간만 입력하면 비행기의 무게를 고려해서 추가 급유량을 알려준다.

디지털 트랜스포메이션은 4차 산업혁명이라는 다른 이름으로 일반인들에게 더 널리 알려져 있다. 1차 산업혁명이 수공업에서 기계 제조업으로 전환, 2차 산업혁명이 전기를 기반으로 한 기술의 진보와 대량생산의 확산, 3차 산업혁명이 컴퓨터의 활용과 전산화를 이루었다. 4차 산업혁명은 '네트워크 기반의 스마트 기술, 인공지능, 빅데이터, 사물인터넷을 활용하여 우리의 생활과 업무처리 방식을 바꾸는 것'이다. 쉽게 말하면 '물리적 세계가 가상 세계로 옮겨가는 현상'과 '아날로그로 하던 일을 웹, 앱, 소프트웨어 등의 디지털로 하게 만드는 것'이다.

마치 3차 산업혁명이 다 완료되고 나서 4차 산업혁명이 시작된 것처럼 생각할 수 있다. 하지만 실제로는 디지털 트랜스포메이션은

디지털 트랜스포메이션은 이미 굉장히 많은 영역에서 광범위하게 진행 중이며 팬데믹으로 인해 더 빠르게 확산되고 있다.

이미 3차 산업혁명 때부터 진행되어왔다. 다만 기술의 발전 때문에 최근에 더 가속화되고 있을 뿐이다.

2
디지털 트랜스포메이션은 생존이 달린 문제다

미국 앨라배마주의 탤라시에 위치한 기업 넵튠 테크놀로지 Neptune Technology는 1889년에 창립되어 수도 계량기를 만들어왔다. 예전에는 누수 방지와 정확한 수도 사용량 측정이 가장 중요한 목표였기에 기계공학 전문가들을 주로 채용했다. 그러나 시대가 변하면서 계량기는 단순히 수도 사용량만 보여주는 것이 아니라 다른 정보들도 보여주어야 했고 그러기 위해 디스플레이가 추가되었다. 그리고 검침원이 집에 방문하는 것이 어려워지면서 원격으로도 사용량을 알 수 있어야 했다. 더 나아가서 과거 사용량 이력을 분석해서 미래의 사용량을 예측하는 기능도 필요해졌다. 회사는 새로운 목표 달성을 위해 소프트웨어 전문가와 사용자 경험 전문가들을 채용하게 되었고 지금은 단순 정밀기계 회사가 아니라 소프트웨어 역량까지 갖춘 회사가 되었다.

변화하는 환경에 제대로 적응하지 못한 산업과 기업은 계속 사라지고 있다.

넵튠 테크놀로지는 오래된 기업이지만 세상의 변화와 그에 따라 함께 바뀌는 고객의 요구에 잘 적응하며 지금까지 비즈니스를 잘 운영해오고 있다. 하지만 변화하는 환경에 제대로 적응하지 못한 산업과 기업은 계속 사라지고 있다. 10년 전만 해도 동네에 여러 군데 있던 철물점들은 이미 거의 찾아보기 힘들어졌다. 이제는 못이나 망치가 필요하면 철물점 대신 인터넷 쇼핑몰이나 생활 물품을 파는 상점에서 구매해야 한다. 여행사와 은행의 창구 직원과 텔레마케터, 대형마트의 계산 담당자, 건물 관리인, 매표소 직원 등도 마찬가지로 줄어들고 있으며 조만간 사라질 것으로 예상되고 있다.

디지털 트랜스포메이션의 중요성과 효과는 이미 널리 알려져 있다. 디지털 트랜스포메이션에 성공한 기업은 동종업계의 경쟁기업에 비해 이익이 26% 높고 기존의 물리적 생산 능력으로도 9% 더 높은 매출을 올리고 기존 제품과 프로세스의 효율성을 더욱 높인

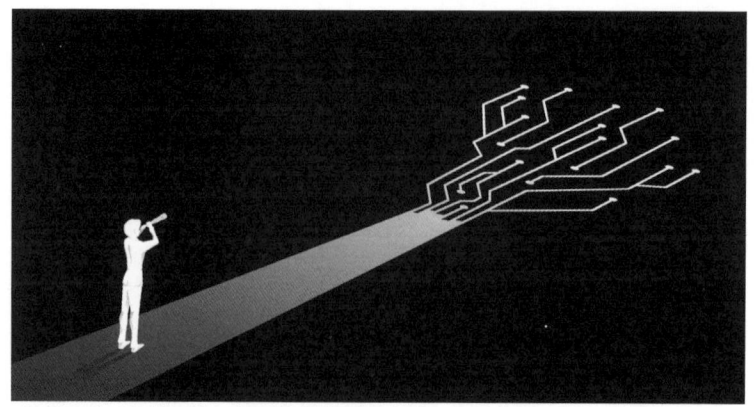

디지털 트랜스포메이션은 기업 경쟁력 확보를 위한 필수 사항으로 받아들여지고 있다.

다.[3] 디지털 트랜스포메이션은 이런 효과들을 달성하기 위해 많은 업계에서 선택이 아니라 기업 경쟁력 확보를 위한 필수 사항으로 받아들여지고 있다. 또한 디지털 트랜스포메이션으로 거둔 변화와 성과는 외부에 잘 드러나지 않아 경쟁기업들의 이목을 피할 수 있다. 또 언론을 통해 알려진 표면적인 개선 사항을 그대로 따라 한다고 해도 기업 각자가 처한 상황을 디테일하게 이해하고 고민하지 않으면 같은 효과를 거두기 어렵다. 그러다 보니 더욱 중요한 혁신 수단으로 여겨지고 있다고 생각한다.

그러나 무엇보다도 많은 기업이 디지털 트랜스포메이션을 추진하는 이유는 고객의 눈높이가 높아졌기 때문이다. 일부 기업들이 기존 방식을 바꾸어서 비즈니스, 고객 경험, 직원의 일하는 방식을 혁신하였다. 그러자 고객들이 그것을 알아차렸다. 즉 하루 만에 배송을 받고 난 후에는 오래 걸리는 배송을 답답해할 수밖에 없다. 며칠 걸리던 대출 심사가 몇 분으로 줄어들었고 며칠 걸리던 고객 불

가트너는 "디지털은 고객의 모든 기대를 현실화했고 모든 것을 원하는 고객을 만들었다."라고 정리하였다.

만 처리가 몇 분 만에 진행되는 것을 경험했다. 그 후에는 그전의 서비스가 허접하다고 느낄 수밖에 없다.

　가트너는 "디지털은 고객의 모든 기대를 현실화했고 모든 것을 원하는 고객을 만들었다."라고 정리하였다. 소프트웨어가 장악하는 세상에서 잊히거나 사라지지 않기 위해서는 고객의 기대를 뛰어넘는 경험을 제공해야만 한다.

3
왜 디지털 트랜스포메이션 과제에 실패하는가

2009년 캐나다 정부는 연방 공무원 급여 시스템을 완전히 새롭게 개발하는 프로젝트를 진행했다. '피닉스 급여 시스템'이라고 이름 붙인 이 거대한 프로젝트는 내용이 굉장히 복잡했고 규모도 컸다. 구축을 위한 기술 파트너를 찾는 데 2년이 걸렸고 결국 2011년에 IBM과 3,000만 달러 계약을 맺었다. 하지만 프로젝트가 시작된 후 수많은 잡음과 충돌이 발생한 탓에 개발을 위한 예산이 한정 없이 늘어났고 개시 일정이 지연되었다. 그러던 와중에 2016년 1월에는 직원 30만 명의 신상정보가 유출되는 사건까지 생겼다. 우여곡절 끝에 같은 해 2월 시스템이 개시되었으나 품질에서 여러 문제가 나타나기 시작했다. 결국 2017년 6월 말까지 누적 급여 오류가 5억 달러를 넘어섰다.

이러한 사례와 비슷한 또 다른 디지털 트랜스포메이션 과제의 실

캐나다 피닉스 급여 시스템 비판 만평

캐나다 정부의 피닉스 급여 시스템 디지털 트랜스포메이션 프로젝트는 개발 과정에서부터 잡음이 발생했고 개시 이후에도 여러 문제로 실패했다. (출처: Fewings.ca)

패 사례로 삼성증권을 들 수 있다. 아래는 2018년 4월 9일 중앙일보 기사이다.

"지난 6일 오전 9시 30분. 삼성증권의 한 주니어급 직원이 실수를 저지른다. 우리사주를 가진 직원에게 배당금을 지급하면서 단위로 '원' 대신 '주'를 입력했다. 주당 현금 1,000원이 아니라 삼성증권 주식 1,000주가 각 계좌로 입고됐다. 우리사주를 가진 약 2,000명의 직원에게 나가야 할 28억 원의 현금 배당이 28억 주로 바뀌어 입금됐다. 금액으로는 110조 원이 넘는다. 잘못 배당받은 약 2,000명의 삼성증권 임직원 가운데 16명이

삼성증권의 착오 입력 화면

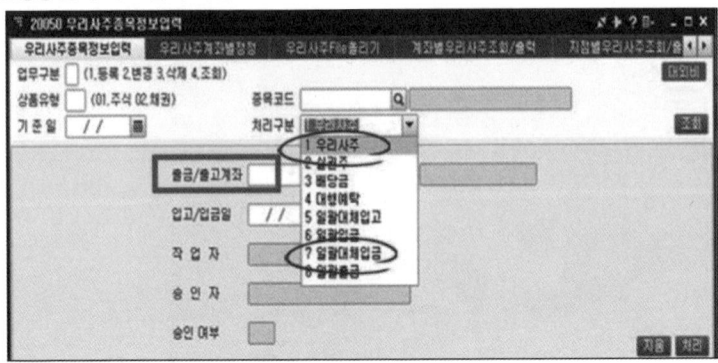

직원의 실수로 인해 110조의 손실이 발생했다.
① 현금배당 입력 시 주식배당 메뉴를 잘못 선택 – '7.일괄대체 입금'을 선택해야 했는데 '1.우리사주'를 선택
(출처: 파이낸셜뉴스, 2018. 05. 08)

501만 3,000주를 매도했다. 액수로는 약 2,000억 원에 달한다. 주식을 판 직원 중엔 부서장급과 애널리스트도 있다. 이로 인해 삼성증권 주가가 순간적으로 11% 넘게 폭락했다. '잘못 입고 된 주식을 팔지 말라'고 공지하는 등 삼성증권 내부에서 문제를 깨닫고 사태 수습을 시작한 건 이날 오전 9시 50분을 전후한 시점이다."

왜 이런 실수를 했을까? '20050 우리사주종목정보입력' 화면의 '처리구분' 입력 항목에서 '7. 일괄대체입금'을 선택해야 했는데 직원이 '1. 우리사주'로 잘못 입력했다. 옵션 항목에서 한 개를 잘못 선택한 것이다. 직원의 사소한(?) 실수로 110조 원이 잘못 지급되고 말았다. 회사의 주가는 폭락했고 금융감독원의 지적도 받았다. 직장생활을 해본 분이면 다 알겠지만 그 직원과 동료들이 얼마나

곤혹스러웠을지 상상이 갈 것이다.

　이런 실수가 얼마나 될까? 기업이 쉬쉬하고 넘어가는 경우가 대부분이라 자세한 통계는 알려지지 않았지만 실수로 인해 직원이 회사에서 잘릴 뻔한 사례는 많이 들어보았을 것이다. 앞의 사례도 구글에서 '주식 매수 실수'로 검색한 결과의 두 번째에 나온 것이다 (첫 번째는 블로그여서 두 번째 신문 기사를 인용했다).

　현재 진행 중인 디지털 트랜스포메이션 과제들을 살펴보자. 어떤 기업들은 이제야 고객이 사용할 모바일 앱을 만들고 있거나 휴대전화에서 인터넷 접속이 많아진 것에 대비하여 모바일 앱을 개편하고 있다. 매장에 무인 키오스크를 만들고 있으며 판매법인을 통하지 않고 물건을 직접 판매하기 위한 온라인 쇼핑몰을 만들고 있다. 또한 앱이나 웹 서비스에 개인화된 추천 기능을 추가하고 있으며 백엔드 플랫폼을 클라우드나 마이크로 서비스 아키텍처MSA, Micro Service Architecture로 바꾸고 있다. 좀 더 나아가서 어떤 기업들은 이미 너무 많이 만든 앱들을(가령 은행들은 평균 대여섯 개의 앱을 운영하고 있다) 이제는 합치는 추세이며 온라인과 오프라인을 통합적으로 기획하는 O2OOnline to Offine/Offline to Online 과제를 추진하며 무인 상점을 열고 업무 시스템을 대대적으로 개편하고 있다.

　이렇게 다양한 디지털 트랜스포메이션 과제들이 기업 차원의 중요한 목적을 위해 큰 비용을 들여 진행되고 있다. 왜 큰 비용이 들까? 디지털 트랜스포메이션은 시스템을 바꿔야 하기 때문이다. 게다가 많은 기업에서 디지털 트랜스포메이션 과제를 기획하고 개발할 인력이 내부에 없기 때문에 컨설팅과 개발을 외부 회사에 의존한다. 그 비용은 보통 수십억에서 수백억 원이 소요된다. 그렇다면 이 많은 디지털 트랜스포메이션 과제들이 성공적인 결과를 만들어 내고 있을까? 아쉽게도 그렇지 않다고 생각한다. 보스턴 컨설팅의 조사에 따르면 실제로 디지털 트랜스포메이션 과제의 70%가 실패한다고 한다.[5] 내가 현장에서 겪어본 사례에서 디지털 트랜스포메이션 과제들이 실패한 원인을 살펴보면 다음과 같다.

●●●●●
(1) 아날로그 경험을 그대로 디지털로 옮긴다

은행 지점에서 직원들이 제공하는 경험은 매우 훌륭하다. 지점까지 이동하고 대기표를 뽑고 기다려야 하는 불편함이 있기는 하다. 하지만 일단 은행 직원들과 대화가 시작되면 거의 모든 문제는 직원들이 알아서 해결한다. 반면 이런 직원들을 의인화한 은행 모바일 앱의 서비스는 그 수준에서 한참 떨어진다. 사용자가 조금만 머뭇거리거나 잘못 선택하면 처음부터 다시 시작해야 한다. 전화로 하는 텔레뱅킹이나 챗봇 서비스도 마찬가지이다. 몇 가지 질문에 잘 대답하다가도 하나를 잘 모르면 처음부터 다시 시작해야 한다.

다른 사례도 있다. 나는 한 햄버거 매장의 키오스크에서 쿠폰을 사용하다가 햄버거를 두 개 사 온 적이 있다. 일반 매장에서 쿠폰 사용 절차는 먼저 물건을 고르고 계산할 때 쿠폰이 적용되어서 할인되는 방식이다. 하지만 이 매장의 키오스크는 이와 같은 절차로 하면 똑같은 메뉴가 두 개 결제된다.

이렇게 디지털 경험을 아날로그 경험과 동일한 절차로 만들게 되

아날로그 경험 수준에 미치지 못하는 디지털 경험

은행 매장 직원

 어떻게 오셨어요?

 주택청약예금 만들러 왔습니다.

 현재 주택청약예금을 가지고 계신가요?

 아… 잘 모르겠는데요?

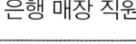 제가 찾아볼게요. 세금혜택이 다르거든요.

은행 모바일 앱(의인화)

 오셨네요. 여기 메뉴와 새로운 상품들이 있습니다.

 주택청약예금은 '퇴직연금'이겠지?

 보유상품 변경하세요? 매수예정상품 조회하세요?

 아… 잘 모르겠는데요?

 처음부터 다시 시작하세요.

일반 매장에서의 쿠폰 사용은 물건 먼저 골라 넣고 계산할 때 쿠폰을 적용하는 절차이다.

B 패스트푸드에서 위 절차로 하면 똑같은 음식이 두 개 결제된다.

디지털 경험은 아날로그 경험을 그대로 베끼는 수준이 아니라 월등히 심플하게 기획되어야 한다.

면 직원들이 제공하는 다양한 케이스에 대한 유연성은 배제되기 때문에 문제가 생긴다. 피상적으로 보면 디지털 경험을 아날로그 경험처럼 만들면 충분할 것 같다. 그런데 실제로는 고객 눈에 보이지 않지만 직원들이 수행하는 것들을 빠뜨리게 되는 것이다. 앞의 두 사례도 직원들이 개입되었을 때는 고객의 의도를 짐작하여 개별 상황에 맞게 업무를 처리하고 있다. 그러나 아날로그 경험을 디지털 경험으로 단순히 바꾸기만 했기 때문에 고객의 상황을 고려한 직원의 대처 같은 점들이 고려되지 않아 고객은 많은 불편을 감수하게 된다. 물론 딥러닝을 위시한 인공지능AI이 적용되면서 해결되기도 한다. 하지만 아직 많은 서비스는 아직 여러 정황에서 발생하는 고객의 문제를 인공지능으로 해결하지는 못하고 있다.

고객이 만족할 만한 디지털 경험은 아날로그 경험을 그대로 옮기는 것으로 충분하지 않으며 직원의 도움이 없는 디지털이라는 환경을 고려해서 만들어져야 한다. 대표적인 성공 사례가 카카오뱅크이다. 2017년 우리나라에 지점이 없는 인터넷 전용 은행이 생겼다. 1호는 케이뱅크이고 2호는 카카오뱅크였다. 2022년이 되어서야 겨우 경영 정상화의 발을 뗀 케이뱅크는 아직도 갈 길이 먼 반면에 카카오뱅크는 1,000만 명이 넘는 가입자를 유치하며 새로운 금융상품을 내놓고 있다. 이 두 은행의 차이는 무엇일까?

케이뱅크와 카카오뱅크를 둘 다 가입해서 사용해보면 많은 사람이 지적하였듯 케이뱅크는 기존 은행의 모바일 앱과 차이가 없게 느껴졌다(은행이 지점도 없네). 반면 카카오뱅크는 큰 차이를 느낄 수 있는 심플한 경험을 제공했다(지점이 없어도 되네). 이 심플한 경험을 구현하기 위해 앱에서 보이는 기능과 사용자 인터페이스UI, user interface의 차이점 외에 케이뱅크는 하지 않고 카카오뱅크는 한 것이 무엇인지 외부인인 우리는 정확히 알 수 없다. 아마도 카카오뱅크의 기밀일 것이다. 하지만 공인인증서를 없앤 것과 같이 카카오뱅크는 수많은 백엔드 업무와 업무 프로세스의 혁신을 이루었을 것으로 확신한다. 카카오뱅크는 디지털 환경에서의 고객 경험에 대해 많이 고민하고 이를 해결한 것이다.

(2) 모든 기업이 무조건 아마존만 따라 한다

외부에 잘 공개되지 않는 다른 기업들의 성공한 디지털 트랜스포메이션 사례와 달리 아마존의 디지털 트랜스포메이션 사례는 널리 알려져 있다. 그래서인지 모든 디지털 트랜스포메이션 과제를 맡은 기획자들이 아마존 사례를 참고하고 있다. 아마존의 사례를 조사하는 것은 필요하지만 각 기업에 적합한 디지털 트랜스포메이션은 본질적으로 기업의 상황에 맞게 진행되어야 한다. 기업마다 처한 상황과 역량이 다르기 때문이다.

아마존에서 성공했어도 내 기업에는 맞지 않을 가능성이 더 크다. 심지어 디지털 트랜스포메이션 원칙을 소개한 한 문헌은 아마존을 따라 하지 말라고 조언한다. 아마존의 고객 집착Customer Obsession이라는 경영 원칙은 참조할 수 있겠지만 단순히 아마존 고를 벤치마킹한 매장을 오픈한다든가 킨들, 에코, 대시의 사례를 보고 그대로 따라 하는 것은 매우 위험하다.

(3) 과제 기획을 짧은 컨설팅 과제에 의존한다

많은 기업이 디지털 트랜스포메이션을 수행할 전문 인력이 없거나 혹은 그들을 믿지 못해서 외부 컨설팅 회사와 3~4개월 정도의 디지털 트랜스포메이션 전략 과제를 진행한다. 보통 컨설턴트들은

싱가포르 DBS은행의 홈 커넥트 앱

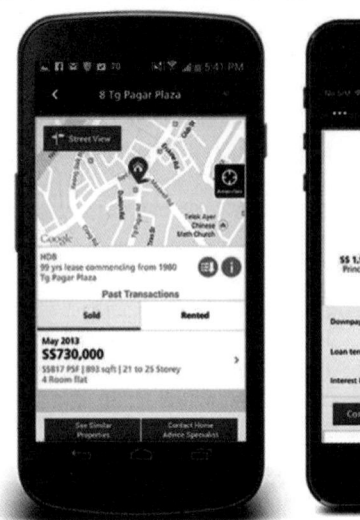

싱가포르 DBS은행이 출시한 DBS 홈 커넥트 앱은 구매할 집을 찾고 금융 대출을 한 번에 알아볼 수 있게 했다.

경쟁사 분석, 사례 분석, 사내 이해당사자 인터뷰 등을 수행한다.

그들은 비즈니스를 이해하고 있고 그 회사의 핵심 성과 지표KPI, key performance indicator를 알고 있다. 사내 이해당사자들이 원하는 바를 빠르게 파악하고 그에 맞는 보고서를 작성한다. 보고서에는 여러 비즈니스 사례 중 그 회사에 적용되는 사례가 정리되어 있다. 결국 보고서는 여러 회사에서 진행되어 이미 알려진 디지털 트랜스포메이션 기획들이 정리되는 경향이 있다.

하지만 무엇을 디지털 트랜스포메이션 해야 할 것인지는 기업마다 다를 수밖에 없다. 마치 사람의 지문처럼 고유한 그 기업만의 문제를 제대로 정의하고 이를 해결하는 상당한 창의력이 요구되는 경우가 많다. 싱가포르 DBS은행의 주택 구매 앱인 DBS 홈 커넥

DBS Home Connect를 예로 들어보자. 이 앱은 지도 기반으로 부동산 매물을 찾아주는 평범한 앱처럼 보인다. 그런데 사용자가 매물을 구매할 때 대출을 얼마나 받을 수 있고 이자는 얼마나 내야 하는지를 바로 볼 수 있게 하여 집을 구매하는 절차를 매우 간단하게 지원한다. 실제로 부동산을 매수할 때 꼭 필요한 일이지만 기존에는 별도의 앱, 예컨대 매물 찾기는 부동산 앱, 대출 계산은 은행 앱에서 해야 했던 대출 알아보기, 상환 기간과 내야 할 돈 계산하기 같은 기능을 합쳐서 한 앱에서 할 수 있게 했다. 여기서 대출을 알아본 고객들이 다른 은행으로 가지 않고 DBS에서 대출을 받도록 유도한 것이다.

디지털 트랜스포메이션을 추진할 때는 DBS 홈 커넥트와 같은 의미 있는 새로운 시도가 매우 필요하다. 회사 내부에서는 성과를 내야 하고 시장에는 지속적인 혁신 결과물을 보여줘야 하기 때문이다. 짧게 진행되는 컨설팅 과제에서는 이런 의미 있는 새로운 시도를 구상하기 어렵다.

●●●●●

(4) 컨설팅 결과가 실제로 구현되지 않는다

컨설팅 회사의 보고서를 본 적이 있는가? 체계적이고 논리적이며 근거를 가진 명확한 메시지가 정리되어 있어서 상당한 설득력이 있다. 그래서 컨설팅 결과물 보고는 대부분 잘되는 것 같다. 경영자들이 보기에 보고서대로 추진되면 상당한 시장경쟁력을 확보할 수 있을 것 같은 믿음을 주기 때문이다.

 하지만 실무자들이 보기에는 기획이 구체화되어 있지 않은 경우가 많다. 예를 들어 컨설팅 보고서 「모바일 웹에서 3클릭 안에 보험 신청이 가능하게」의 고객 경험 목표는 매우 올바른 목표이다. 하지만 사용자 경험 실무자들은 이 목표를 어떻게 달성할지 막막하다. 현재의 보험 신청 프로세스와 내부의 업무 프로세스를 바꾸어야 하는 어려움이 바로 떠오르기 때문이다. 이후 구현 과제가 시작되면 실무자들은 이미 높아진 경영진의 기대를 만족시키지 못하는 것에 대한 엄청난 스트레스를 받게 되고 개발 과제는 악성 과제가 되기도 한다(사용자 경험 기획자들이 금융 프로젝트를 할 때 만족도가 상당히 떨어지는 주요 원인 중 하나이다).

●●●●●
(5) 고객 경험과 거리가 먼 부서에서 추진한다

 디지털 트랜스포메이션 과제가 완료되면 고객에게 어떤 경험을 제공하게 될지 예측하는 역량은 디지털 트랜스포메이션 추진에 매우 중요하다. 목표에 맞는 적절한 과제를 선정한 것인지, 제대로 된 방향과 방법으로 진행되는지를 알 수 있는 유일한 수단이 바로 예측 역량이기 때문이다. 하지만 몇몇 회사는 담당자가 없거나 있더라도 회사 내 영향력이 부족하다는 이유 등으로 제대로 역할을 할 전문가 없이 개발 조직이나 사업 조직에서 진행되는 경우가 있다. 사실 이 두 부서는 많은 기업에서 사용자 경험 조직과 자주 충돌하는 곳이다. 개발 조직은 개발 용이성, 운영 편의성, 비용을 더 중요하게 생각하고 사업 조직은 빠른 출시, 수익을 우선순위로 고민하기 때문이다. 전문가가 없거나 조직 간의 충돌 등으로 목표했던 디지털 트랜스포메이션 결과는 달성하지 못한 채 프로젝트가 마무리되고 마는 것이다.

최근 디지털 트랜스포메이션을 가장 강력하게 추진하는 분야는 금융 분야로 보인다. 카카오뱅크, 토스, 뱅크샐러드의 성공적인 고객 확보와 금융 마이데이터 사업 추진 때문일 것이다. 하지만 그 결과는 어떠한가? 모바일 웹으로 보험 가입하는 것이 쉬워졌는가? 또는 개편한 모바일 앱으로 타 은행에 송금하는 사용자가 늘어났는가? 자산 관리를 앱으로 하는 고객이 늘어났는가?

관련된 사례로 나는 금융 기업 영업사원의 업무 시스템을 태블릿으로 바꾸는 프로젝트를 수행한 적이 있다. 이 프로젝트에서 가장 중요한 것은 터치 방식에 맞는 사용자 경험을 기획하는 것이었다. 주관부서인 IT 부서에서 개발 편의성을 위해 몇몇 페이지만 터치 사용자 경험으로 하고 나머지는 PC 사용자 경험을 넣어버렸다. 그러나 태블릿의 터치 사용자 경험은 기존 PC 기반의 사용자 경험과 아주 다르다. 직원들이 잘 쓸 수 있도록 사용자 경험 전략을 고민해달라고 요청해왔다. 다시 말하지만 사람들은 잘 만들어진 고객 경험을 기가 막히게 알아차린다. 그리고 충분하지 못한 고객 경험 또한 빠르게 알아차리고 사용하지 않는다.

(6) 목표로 하는 미래의 고객 경험이 없다

일본의 고마츠 제작소는 건설 기계와 중장비 제조업체로 미국 나스닥에 상장되어 있다. 이 회사의 주요 제품은 공사 현장에서 쓰이는 다양한 중장비들이다. 고마츠는 고객들이 자사의 장비들을 선택하도록 만들기 위해 단순히 중장비의 우월한 성능만을 내세우는 것이 아닌 새로운 방법을 시도했다. 고마츠는 납기가 중요한 공사 현장에서 일정에 차질을 빚지 않으려면 굴삭기를 얼마나 쓸 것인지를 정하는 게 아니라 굴삭기가 파낸 흙을 가져갈 트럭이 제때 도착해야 함을 파악하였다.

그 후 굴삭기 판매뿐만 아니라 공사 전체의 일정을 관리하는 솔루션을 개발하여 사용하기 시작했고 여러 공사 현장에 채택되어 경쟁사와 현격한 차이를 만들었다고 한다. 고객에게 제공할 경험 관점으로 디지털 트랜스포메이션의 목표가 제시되고 실현된 사례라고 할 수 있다. 고마츠의 사례에서 알 수 있듯 디지털 트랜스포메이션 추진에서 가장 중요한 것은 목표로 하는 미래의 고객 경험이 정의되어 있는가이다.

디지털 트랜스포메이션은 경험 혁신을 위한 것이다. 고객 경험의 관점으로 보자면 당연히 되어야 할 것, 고객이 기대하는 것, 경쟁을 위해 타사와 차별화되어야 할 것으로 나눌 수 있다. 문제는 데이터 수집, 클라우드 전환 또는 MSA 전환과 같이 기본이 되는 과제만 수행하고 정작 고객의 기대를 충족하며 경쟁 우위를 위한 차별화된 고객 경험의 발굴과 정의를 위한 과제들은 뒷전으로 밀리는 것이다.

고마츠의 디지털 트랜스포메이션

고마츠는 굴삭기 제조업체에서 공사 현장의 전체적 공정을 개선하는 솔루션 회사로 변신하였다.

이제까지 성공적인 디지털 트랜스포메이션이 어려운 이유에 대해 알아보았다. 지금까지 설명한 여섯 가지 이유는 서로 연관성을 가지며 얽히고설켜서 한꺼번에 해결하지 않으면 안 된다.

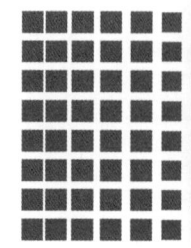

4
디지털 트랜스포메이션은
사용자 경험의 혁신이다

'왜 디지털 트랜스포메이션을 하는가?'는 디지털 트랜스포메이션의 범위가 넓은 만큼이나 다양하다. 많은 기업이 디지털 트랜스포메이션을 생존의 문제로 인식하고 각자 적합하게 추진하고 있다. 다음은 잘 알려진 컨설팅 회사들의 디지털 트랜스포메이션에 대한 정의이다. 키워드를 정리해보면 디지털 기술(모바일, 클라우드, 빅데이터, 인공지능, 사물인터넷 등), 시장 환경의 변화, 비용 절감, 혁신 비즈니스 모델, 혁신 상품·서비스 등이다.

디지털 트랜스포메이션은 아주 다양하게 일어나고 있어서 유형으로 정의하기는 어렵다. 그러나 비즈니스 목표가 확실하다는 공통점이 있다. 골프장 사전 체크인은 비용 절감과 고객 편의 제공의 목표, 음식점 키오스크는 비용 절감의 목표, 추가 급유량 입력 앱은 비용 절감과 업무 생산성 향상의 목표를 가진다. 즉 크게 고객 경

디지털 트랜스포메이션에 대한 정의

구분	정의
베인앤드컴퍼니	디지털 엔터프라이즈 산업을 디지털 기반으로 재정의하고 게임의 법칙을 근본적으로 뒤집음으로써 변화를 일으키는 것
A.T. 커니	모바일, 클라우드, 빅데이터, 인공지능, 사물인터넷 등 디지털 신기술로 촉발되는 경영 환경상의 변화에 선제적으로 대응하고, 현재의 비즈니스의 경쟁력을 획기적으로 높이거나 새로운 비즈니스를 통한 신규 성장을 추구하는 기업 활동
프라이스 워터하우스 쿠퍼스	기업 경영에서 디지털 고객과 생태계가 기대하는 것들을 비즈니스 모델 및 운영에 적용하는 일련의 과정
MS	고객을 위한 새로운 가치를 창출하기 위해 지능형 시스템을 통해 기존 비즈니스 모델을 새롭게 구상하고, 사람, 데이터, 프로세스를 결합하는 새로운 방안을 수용하는 것
IBM	기업이 디지털과 물리적 요소들을 통합하여 비즈니스 모델을 변화시키고 산업에 새로운 방향을 정립하는 것
인터내셔널 데이터 코퍼레이션	고객 및 시장(외부환경)의 변화에 따라 디지털 능력을 기반으로 새로운 비즈니스 모델, 제품, 서비스를 만들어 경영에 적용하고 주도하여 지속가능하게 만드는 것
세계경제포럼	디지털 기술 및 성과를 향상할 수 있는 비즈니스 모델을 활용하여 조직을 변화시키는 것

(출처: 디지털이니셔티브 그룹)

험, 비용 절감, 업무 생산성 향상의 목표를 가진다.

지금까지 소개한 사례를 다시 살펴보자. 골프장 사전 체크인은 골프를 치러 온 고객이 골프장에서 줄을 서지 않아도 되는 가치를 제공한다. 차량 번호까지 넣게 유도한다면 고객이 골프장에 도착했는지 안 했는지를 알 수 있게 될 것이다. 음식점 키오스크는 고객에게는 별 가치가 없지만 점주에게는 인건비를 줄이는 효과가 있다. 추가 급유량 입력 앱은 항공사가 연료비를 줄이고 더 안전하게 운항

디지털 트랜스포메이션을 통한 혁신의 변화 방향

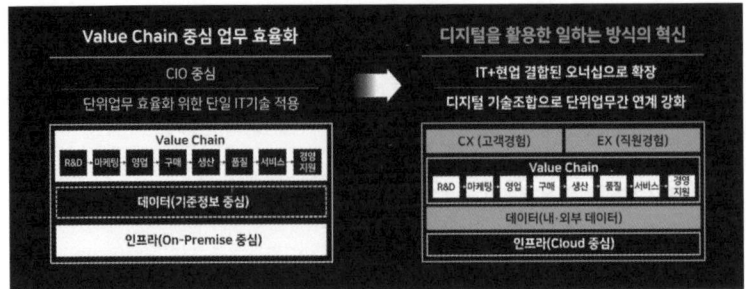

(출처: 삼성SDS REAL 2021)

할 수 있게 되므로 고객 가치를 만들게 된다. 이처럼 최근 발표된 디지털 트랜스포메이션에 대한 정의는 디지털 기술과 데이터만 강조하는 것이 아니라 고객 경험과 직원 경험을 강조하고 있다.

삼성SDS는 2021년 오픈세미나에서 기존 디지털 트랜스포메이션과 최근 디지털 트랜스포메이션에 대한 정의를 다음과 같이 정리하였다.

기존 디지털 트랜스포메이션

1. CIO 중심
2. 밸류체인 중심 업무 효율화
3. 내부 데이터와 설치 인프라 중심

최근 디지털 트랜스포메이션

1. IT+협업의 협업
2. 디지털을 활용한 일하는 방식의 혁신
3. 내외부 데이터 연동과 클라우드 중심

고객 경험과 직원 경험이 강조된 디지털 트랜스포메이션

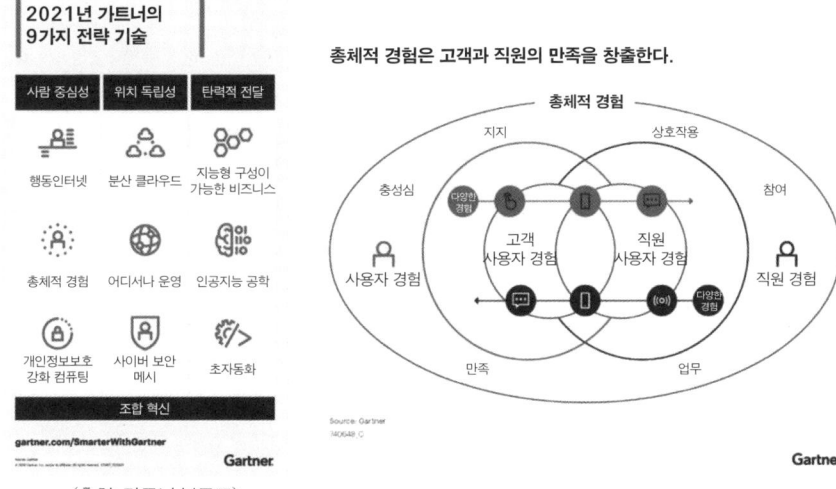

(출처: 가트너 블로그)

4. 고객 경험과 직원 경험의 혁신

여기서 주목할 점은 최근 정의에 고객 경험CX, customer experience 과 직원 경험EX, employee experience이 추가되었다는 것이다. 즉 기술과 데이터 중심에 사용자(고객과 직원) 경험이 추가된 것이다.

또한 가트너는 2021년도에 가장 중요한 9개 전략기술 중 하나로 총체적 경험 전략total experience strategy을 뽑았다. 가트너가 정의한 총체적 경험은 조화로운 고객 경험과 직원 경험으로 고객에게는 만족을 주고 직원에게는 몰입 또는 업무 만족을 준다는 것이다.

즉 디지털 트랜스포메이션의 목적은 고객 경험을 혁신하거나 직원이 일하는 방식을 혁신해서 회사의 비즈니스 경쟁력 향상에 기여하는 것이다. 성공적인 디지털 트랜스포메이션의 성공 결과는 고객 경험이 좋아지거나 직원의 업무 생산성이 향상되는 것이다. 사용자 경험을 고려하는 것은 이 두 가지에 직접적으로 연관된다.

정리

- 꾸준히 진행되어온 디지털 트랜스포메이션(4차 산업혁명)은 팬데믹으로 인해 매우 활발히 진행되고 있다. 기업의 입장에서는 생존의 문제가 되었다. 더구나 성공한 디지털 트랜스포메이션은 경쟁사들이 따라 하기 힘들기 때문에 근본적인 경쟁력이 된다.
- 하지만 많은 디지털 트랜스포메이션 과제들이 실패하고 있다. 그 이유는 3가지다. 첫째, 다른 회사를 따라서 한다. 둘째, 짧게 진행되는 컨설팅 과제에 의존한다. 셋째, 고객 경험과 직원 경험을 고려하지 않고 개발이 진행된다.
- 디지털 트랜스포메이션의 목적은 고객 경험의 혁신과 직원이 일하는 방식의 혁신이다. 유명 컨설팅 회사와 IT 개발사들은 이를 주요한 전략으로 설정하여 추진하고 있다.

2장

디지털 트랜스포메이션에서 사용자 경험은 어떤 특징이 있는가

1
고객 경험 관점만으로는 충분하지 않다

사용자 경험은 모바일 앱, 웹사이트, 소프트웨어에 적용되어온 검증된 방법론이다. 사용자가 보고 조작하는 사용자 인터페이스UI, user interface를 디자인하는 것(좁은 범위의 사용자 경험)에서부터 고객 경험을 기반으로 한 상품 기획, 신규 서비스 기획, 혁신 상품 발굴(넓은 범위의 사용자 경험)까지 영역을 넓히고 있다.

많은 기업에서 디지털 트랜스포메이션 추진을 위해 고객customer이 사용할 웹사이트, 모바일 앱, 또는 키오스크를 만들고 있다. 여기에서 사용자 경험은 사용자가 원하는 과제task를 쉽고 직관적으로 수행할 수 있도록 사용성에 초점을 맞춘다. 예를 들어 음식점 소개 서비스라면 가볼 만한 음식점을 음식 종류, 위치, 가격, 추천 순위를 활용해 쉽게 찾을 수 있도록 디자인한다. 또는 택시 호출 서비스는 원하는 시간에 원하는 목적지를 적절한 가격에 도착할 수 있

사용자-컴퓨터 인터랙션 모델

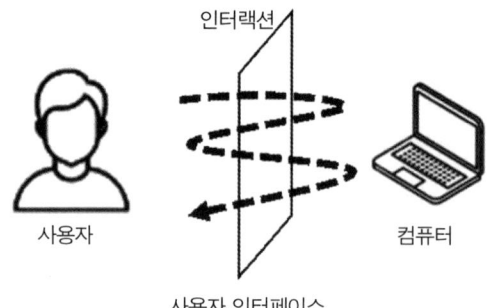

사용자와 제품 간의 인터랙션과 사용자 인터페이스가 디자인의 대상이다.

도록 디자인한다. 이는 위와 같이 사용자-컴퓨터 인터랙션Human-Computer Interaction 모델로 설명할 수 있다.

왼쪽에는 컴퓨터를 사용하는 사용자(고객)가 있고 오른쪽에는 컴퓨터가 있다. 컴퓨터는 휴대전화, 자동차, 키오스크 같은 제품일 수도 있고 모바일 앱이나 웹사이트 같은 서비스일 수도 있다. 이 모델은 컴퓨터와 이를 사용하는 사용자를 가정한 가장 기본적인 모델이다. 사용자가 컴퓨터의 사용자 인터페이스를 통해 원하는 목적을 달성하는 과정을 얼마나 쉽고 직관적으로 지원할 수 있는지에 대한 프레임을 제공한다. 소프트웨어, 웹사이트, 모바일 앱, 키오스크 등에 적용되어 그 가치를 인정받고 있다.

그렇다면 이 기본 모형은 사용자 경험 중심의 디지털 트랜스포메이션에 적합할까? 결론부터 말하면 대부분의 디지털 트랜스포메이션 과제에서 부족하다. 두 가지 이유가 있다. 첫 번째, 디지털 트랜스포메이션은 고객이 사용하는 홈페이지나 모바일 앱만이 존재하는 것이 아니라 고객에게 서비스를 제공하기 위해 직원들이 사용하

커브사이드 픽업

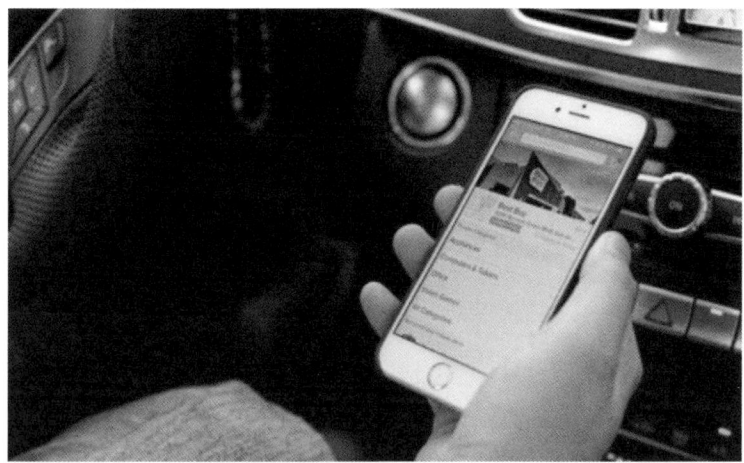

기존 시스템과 직원의 일하는 방식을 변화시키고 고객에게 혁신적인 경험을 제공한다.
(출처: 테크크런치)

는 업무 관련 시스템이 있기 때문이다. 결국 직원들이 일하는 방식, 직원들의 업무 시스템 자체, 그리고 시스템이 동작하는 방식까지 정리되어야 경험 혁신 목표를 달성할 가능성이 크다.

기본 모형만으로 적합하지 않은 상황의 예를 들어보자. 팬데믹 이후 대부분의 식료품점에서 제공하는 커브사이드 픽업curbside pickup을 살펴보자. 고객이 모바일 앱을 통해 미리 주문하고 매장에 방문하여 패스트푸드 드라이브스루drive-through처럼 주문한 식료품을 빠르게 차에 싣고 가는 서비스이다. 전염병에 대한 노출이 현저히 줄어들 뿐더러 구매 경험을 매우 간단하게 하는 고객 가치가 있다. 그러나 식료품점의 내부 시스템과 직원이 일하는 방식이 커브사이드 픽업에 맞지 않거나 효율적으로 동작하지 않는다면 오히려 엄청난 고객 불만을 일으키게 될 것이다.

두 번째, 여러 채널을 통한 고객 경험을 포함하고 있지 않기 때문이다. 여러 채널에 걸친 고객 경험을 '멀티채널 고객 경험' 또는 '옴니채널 고객 경험'이라고 부른다. 114 전화번호 안내 서비스로 여러 채널을 통해 고객 경험이 전달되는 간단한 예를 살펴보자. 예전에는 상담사가 문의 결과를 통화 중에 말로 전달했기 때문에 따로 메모지를 준비해 전화번호를 적었어야 했다(여기서 고객 채널은 '전화 통화' 1개). 요즘에는 통화가 끝나면 문의 결과와 전화번호를 문자로 보내주므로 적을 필요가 없다(여기서 고객 채널은 '전화 통화'와 '문자' 2개).

또 다른 예로 최근에 여러 음식점에서 사용 중인 대기 시스템이 있다. 매장 앞에 설치된 태블릿에 전화번호를 입력하면 문자로 대기 번호와 예상 대기시간을 알려주는데 실시간으로 업데이트된다(고객 채널은 '태블릿' '문자' '실시간 정보 전달 웹페이지' 3개이다). 고객에게 의미 있는 경험을 전달하기 위해서 여러 채널에 걸친 고객 경험을 고려하는 것이 점점 더 중요해지고 있고 디지털 트랜스포메이션에서도 마찬가지이다.

서비스 디자인 모델

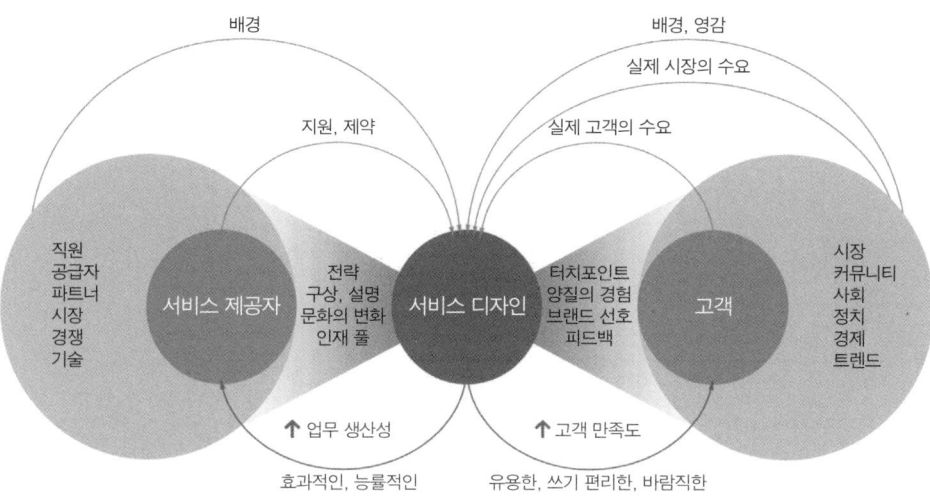

(출처: Stephan Moritz, 2005)[6]

사용자-컴퓨터 인터랙션 모델 외에 다른 디자인 방법의 모델을 살펴보자. 유럽을 중심으로 발전해온 서비스 디자인Service Design 모델에서 기본 모형은 위와 같다. 왼쪽에 서비스 제공자organization가 있고 가운데에 서비스service가 있고 오른쪽에 고객client이 있다. 서비스 디자인은 고객과 서비스 제공자 둘 다 고려해야 하며 목적은 고객 만족도satisfaction와 서비스 제공자의 업무 생산성productivity을 올리는 것이다.

서비스 디자인의 기본 모형이 서비스 제공자를 고려하는 이유는 서비스 제공자의 제약을 고려해야만 하기 때문이다. 반면 앞에서 소개한 사용자-컴퓨터 인터랙션 모델의 대상 제품은 컴퓨터에서 사용되는 소프트웨어가 대부분이기 때문에 제약 조건이 거의 없다. 예를 들어 DHL이 제공하는 국제 우편 서비스는 물류 시스템의 제약을 고려해야 하며 병원의 의료 서비스는 병원의 인력, 인프라, 정부 정책을 고려해야 한다.

디지털 트랜스포메이션 과제는 사용자-컴퓨터 인터랙션 모델보다는 서비스 디자인 모델이 더 적합하다. 해당 회사 또는 조직의 인적 역량, 업무 절차, 현재 사용 중인 시스템, 관련 규제 사항들을 고려해야 하기 때문이다. 그러다 보니 여러 디지털 트랜스포메이션 과제를 일반적인 사용자 경험 디자인 접근 방법으로 수행할 경우 그 한계를 드러내는 경우가 많다. 예를 들어 보험회사의 고객들은 모바일 웹을 통해 원클릭으로 빠르게 보험 가입을 원하지만 가입 절차에 대한 정부의 규제와 해당 보험회사의 가입 절차 그리고 기존 시스템의 제약으로 최소한 7~8단계를 거칠 수밖에 없다.

이전에 근무한 회사에서 신입사원 교육을 위한 사례 연구로 「맥도날드 키오스크의 사용자 경험 개선」 과제를 한 적이 있다. 당시 맥도날드 잠실점에 주문 키오스크가 설치되었다. 이를 다시 디자인한다면 어떻게 해야 할지 생각해보는 것이었다. 주문 키오스크라는 새로운 기술과 장치가 고객 경험에 미치는 영향을 조사하고 음식 매장 같은 큰 프로젝트에 대비하기 위한 과제였다. 참고로 이 시장은 매우 크다. 전 세계 맥도날드 점포수와 키오스크의 제조와 납품까지 고려해보면 몇천억 원은 되는 큰 규모의 프로젝트이다.

과제는 사용자 경험팀의 신입사원 6명을 3개 조로 나누어서 한 달 정도의 사용자 조사부터 사용자 경험 프로토타입 제작까지 하는 것이었다.[7] 나는 3개 조의 결과물이 과제를 진행하는 경험의 관점에 따라 다르게 나올 것이라 기대했다. 두 조는 '매장 고객의 경험'에만 초점을 맞추어서 진행했다. 다행히 나머지 한 조는 '고객뿐만

맥도날드 매장에 설치된 주문 키오스크

최근엔 거의 모든 패스트푸드 매장에 주문 키오스크가 설치되었다. 하지만 무인 키오스크로 고객 경험이 좋아졌다고 할 수 있을까?

아니라 맥도날드 직원들의 업무'까지 관찰하여 통합된 관점으로 문제를 정의해서 해결하는 콘셉트를 제안하였다.

  매장 고객의 경험에 초점을 맞춘 두 조가 제안한 아이디어는 이랬다. 하나는 스타벅스의 사이렌 오더처럼 모바일 앱으로 고객이 자주 먹는 햄버거를 미리 주문과 결제까지 할 수 있게 하자는 것이다. 다른 아이디어는 키오스크에서 사용자의 모바일 기기를 인식하여 맞춤형 메뉴를 추천하고 결제하는 것이다. 고객이 매장에서 주문하는 과정의 번거로움을 줄이는 아주 전형적인 고객 관점의 개선안이다.

  두 아이디어가 좋지 않다고 말하는 것은 아니다. 고객 관점으로 혁신을 이끈 사례들은 시장에 많다. 하지만 맥도날드가 큰 비용과

맥도날드 모바일 앱과 키오스크 화면

고객의 주문을 편하게 하기 위해 모바일 앱으로 주문하게 하자는 아이디어(왼쪽과 가운데 그림)와 키오스크가 스마트폰을 인식하게 하는 아이디어(오른쪽 그림)

 오랜 시간을 들여서 주문 키오스크를 도입한 이유가 무엇이었는지와 어떤 비즈니스 목적을 가지고 어떤 문제를 해결하려고 했는지 생각해본다면 놓치는 것들이 있다.
 위의 두 조와 달리 다른 한 조의 신입사원들은 회사 근처의 맥도날드 매장에 점심시간에 갑자기 사람이 몰리면서 주문도 많아지고 혼잡해지는 상황을 가장 심각한 문제로 보았다. 가뜩이나 사람들이 몰리는 시간에 키오스크 주문을 못 하거나 주문은 했는데 오래 기다리거나 음식이 준비되었다고 번호가 나왔는데 음식은 없거나 하는 등의 문제를 주목한 것이다. 이 문제를 영어로는 모시 핏mosh pit 이라고 한다. 갑자기 군중이 몰리는 현상을 말한다. 참고로 로마의 콜로세움 건축이 칭찬받는 이유 중 하나가 많은 사람이 한꺼번에 들어가고 나가는 모시 핏 문제를 해결했기 때문이다.
 맥도날드가 주문 키오스크를 도입한 목적을 생각해보면 주문을

점심시간의 맥도날드 내부 상황

주문하는 사람과 기다리는 사람이 많아서 고객과 직원 모두 힘든 상황이다.

담당하는 인력 비용을 절감하고 주문 과정의 오류를 줄이고 당시에 맥도날드가 밀던 시그니처 버거와 같은 맞춤 주문이 가능한 프리미엄 메뉴 판매를 촉진하는 것이 목적이었을 것이다. 하지만 사람들이 몰리는 점심시간에는 이런 비즈니스 목적을 달성하기가 어려울 것으로 보인다.

고객 주문은 키오스크 도입 전보다 한꺼번에 빠르게 진행되었지만 주방에서 음식이 제조되는 양과 속도는 고객 주문량을 감당하지 못해서 결국 주문을 마친 고객들이 매장에서 서서 기다리는 시간이 매우 길어지는 현상이 나타나고 있었다. 키오스크 이전에는 주문하는 줄과 음식을 받는 줄로 나누어져 있었다. 주문 받는 직원은 주방의 조리 속도와 주문 처리 상태를 파악하면서 햄버거 제조가 밀리면 잠시 주문을 받지 않았다. 하지만 키오스크 도입으로 고객과 직원 들은 불만을 쏟아냈다.

인터뷰에 따르면 고객은 기다리는 시간이 "더 길어져서" 불만족이라는 의견이 많았고 직원들은 한꺼번에 밀려드는 주문을 감당하기가 더 힘들어졌다고 말했다. 즉 새로 도입된 키오스크는 주문하는 고객 경험만 빠르고 쉽게 한 것이지 이후 음식을 제조하고 고객에게 제공하는 단계의 고객 경험 및 직원 업무는 고려되지 못한 것이다.

그리고 이 조는 키오스크 도입 이전과 이후의 경험 지도experience map를 그렸다. 가장 주목할 점은 고객 경험은 물론이고 직접 주문을 받기도 하고 조리 업무가 많으면 조리를 하기도 하는 카운터 직원과 매장 안쪽에서 음식 조리를 담당하는 직원의 경험을 한꺼번에 정리한 것이다.

이를 통해 이 조는 디자인 문제를 새롭게 정의했다. "주문 후에 기다리는 시간이 더 길게 느껴진다." 그리고 주문 후 대기시간이 길어지는 문제를 해결할 아이디어를 탐색하였다. 그중 하나는 대기시간이 길어질 경우 주문 시 햄버거 만들기 게임을 하게 하는 것이다.

다시 말하지만 이 아이디어가 좋고 나쁘거나 쓸모 있냐를 말하는 것이 아니다. 중요한 것은 매장 직원의 경험까지 고려하기로 한 디

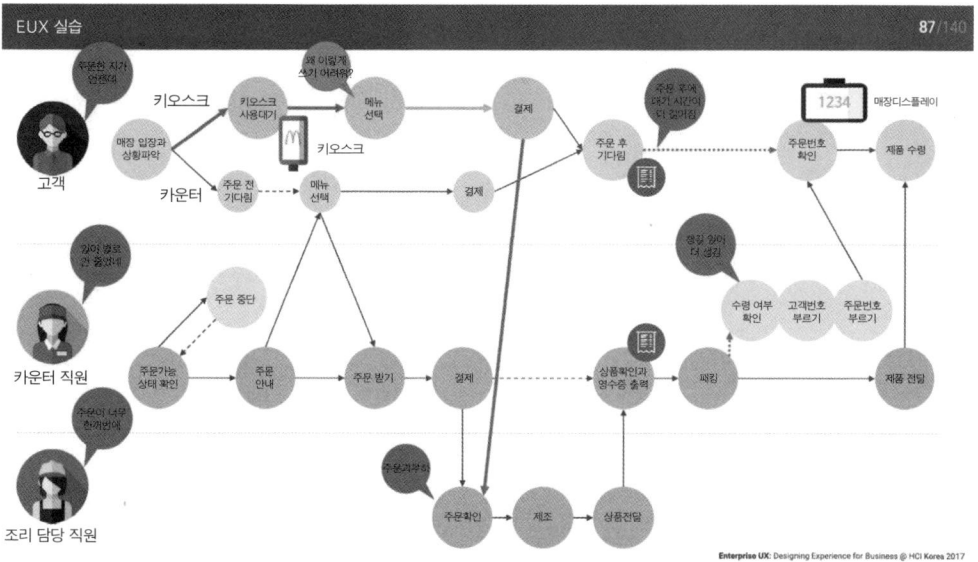

고객만의 여정이 아니라 고객 경험과 직원 업무를 함께 정리하였다.

자이너 관점의 변화가 다른 디자인 문제를 발견하고 정의할 수 있게 하고 새로운 해결책을 찾도록 만들었다는 것이다.

최근에 키오스크에 대한 사용자 경험 과제들이 많아졌다. 이들을 살펴보면 크게 둘로 나눌 수 있다. 하나는 키오스크의 사용성을 개선하는 것이고, 또 다른 하나는 모바일을 활용한 주문 절차를 심플하게 하는 것이다. 모두 고객이 주문 시에 겪는 어려움을 해결하는 것에 중점을 두고 있다. 하지만 이 조는 고객 경험을 직원의 업무와 함께 총체적으로 보는 관점에서 발견된 문제를 해결하고자 했다.

기업용 소프트웨어 또는 직원들이 관련되는 모든 제품은 직원들의 업무와 업무 프로세스를 파악하여 기획되어야 한다. 다시 말하면 사용자 경험을 보는 관점과 직원과 직원의 업무를 보는 관점이

맥도날드 햄버거 만들기 게임

대기시간이 길어질 때 햄버거 만들기 게임을 하게 해서 키오스크 주문 시간을 늘리는 아이디어

모두 필요하다. 총체적 관점으로 기획된 직원들의 업무는 생산성이 올라가고 결국 제품 경쟁력 향상과 고객에 대한 서비스 품질 향상으로 이어진다.

2
사용자 경험 모델은 어떻게 만들어져야 하는가

 디지털 트랜스포메이션 과제에서 사용자-컴퓨터 인터랙션 모델의 사용자는 직원과 고객으로 나뉘어야 한다. 이 관점으로 1장에서 소개한 사례들을 살펴보자. 골프장 사전 체크인과 음식점 키오스크는 고객이 직원의 도움을 받아서 하던 업무를 고객 스스로 수행하게 한 것이다. 추가 급유량 입력 앱은 직원이 본인의 감으로 수행하던 업무를 데이터를 기반으로 예측의 정확도를 높인 것이다. 고객이 사용하는 채널과 사용자 인터페이스가 있고 직원이 사용하는 시스템과 사용자 인터페이스가 있고 보이지는 않지만 업무가 처리되는 시스템과 프로세스가 있다.
 이를 위해 서비스 디자인 모델을 참고하면 다음과 같은 디지털 트랜스포메이션 사용자 경험 모델을 만들 수 있다. 사용자가 고객과 직원으로 나뉘었고 고객이 쓰는 사용자 인터페이스와 인터랙션

사용자 경험 중심의 디지털 트랜스포메이션 모델

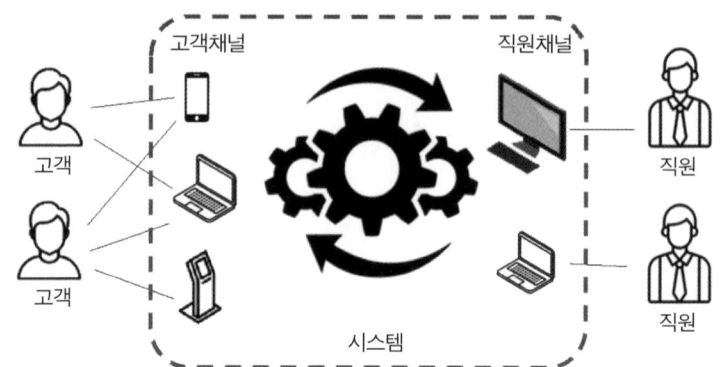

고객과 직원의 사용자 인터페이스와 인터랙션뿐만 아니라 시스템 자체가 디자인 대상이 된다.

과 직원이 쓰는 사용자 인터페이스와 인터랙션이 구분되었다. 중간에는 업무가 처리되는 시스템(업무용 소프트웨어, 업무 프로세스)이 추가되었으며 고객이 사용하는 채널과 직원이 사용하는 채널이 표시되었다.

우리가 일상생활에서 자주 보는 버스 도착시간 안내 서비스는 디지털 트랜스포메이션 과제의 전형적인 모습이다. 버스와 정류장에 센서를 붙여서 데이터를 모은 뒤 고객과 직원에게 버스 실시간 위치와 정류장 도착시간을 알려준다. 고객 채널은 고객이 보는 모바일 앱과 버스 정류장의 디스플레이와 버스 안의 디스플레이이다. 직원 채널은 버스 운전사가 보는 앞뒤 차와의 거리와 버스 회사의 관제 시스템이다. 시스템은 버스 도착시간 안내를 위해 설치된 정류장과 버스의 센서와 여러 서버와 데이터 처리이다.

디지털 트랜스포메이션 과제에서는 고객과 직원과 시스템이 그 대상이 되는 것이다. 이런 성질로 인해 디지털 트랜스포메이션 사

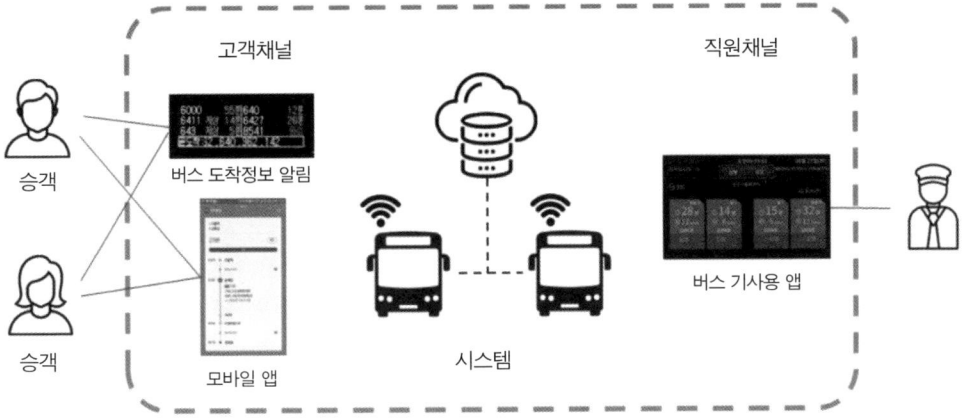

용자 경험은 서비스 디자인 모델과 유사하다. 또한 일반 사용자 경험 모델과 비교해 다음과 같은 차이가 있다.

컨슈머 사용자 경험 모델은 고객과 고객의 채널 수만 포함한다. 하지만 디지털 트랜스포메이션 사용자 경험 모델은 고객과 직원 모두 사용자로 고려해야 하고(고객과 직원의 다른 점은 3장에서 논의하겠다) 그에 따라 채널 수도 늘어나며 시스템도 대상이 된다. 디지털 트랜스포메이션 사용자 경험 모델의 복잡도는 컨슈머 사용자 경험 모델에 비해 적게는 수 배에서 많게는 수십 배가 복잡해진다.

컨슈머용 모바일 앱, 웹사이트, 소프트웨어는 사용자 경험 기획 결과의 대부분이 구현된다. 하지만 복잡한 백엔드 시스템이 있는 디지털 트랜스포메이션 과제에서는 그렇지 않다. 백엔드 시스템을 어떻게 활용할 수 있을지, 백엔드 시스템은 어느 정도 바꿀 수 있는지, 직원들의 업무방식은 어떻게 그리고 얼마나 바꿀 수 있는지가 고려되어야 한다. 즉 일반 컨슈머 소프트웨어의 사용자 경험 기

컨슈머 소프트웨어와 디지털 트랜스포메이션 과제의 사용자 경험 복잡도 비교

컨슈머 사용자 경험 복잡도 ∝ 고객군 수×고객 채널 수

디지털 트랜스포메이션
사용자 경험 복잡도 ∝ 고객군 수×고객 채널 수×직원 업무역할 수×직원 채널 수

획은 시스템을 고려할 필요가 없으나 디지털 트랜스포메이션 사용자 경험에서는 시스템을 파악해서 기획해야 한다. 이 논의는 원자력 발전소와 항공기 설계에 적용되어온 인지 시스템 공학의 논의가 연관된다. 인지 시스템 공학에서는 사용자 과업user task과 시스템 기능system function을 구분하고 사용자 과업을 지원하기 위해 시스템 기능을 고려해서 설계를 진행한다.

컨슈머 사용자 경험의 개선은 사용자의 불편 사항pain point이나 개선 사항needs을 듣고 그에 대한 해결을 반복하는 것만으로도 충분한 경우가 많다. 그러나 디지털 트랜스포메이션 사용자 경험에서는 고객이나 직원들의 불편 사항이나 개선 사항에 대한 해결책을 적용하는 것만으로는 좋아지지 않는 경우가 대부분이다.

우선 고객은 시스템의 제약 사항, 정책, 업무 프로세스를 고려하지 않고 불만이나 의견을 그때그때 말하는 경우가 많다. 고객 경험을 혁신하는 것은 디지털 트랜스포메이션 사용자 경험에서 반드시 필요한 것이다. 하지만 고객이 원하는 것이 실제로 가능해지려면 백엔드 시스템, 프로세스, 직원의 업무방식에 대한 개선도 필요하다. 서비스 디자인 모델의 성공 사례처럼 관점을 바꾸거나 새로운 방식을 도입하는 등의 해결안을 찾아야 한다.

다음으로 직원의 경우를 살펴보자. 개별 직원들은 복잡한 업무 프로세스에서 일부분만 담당한다. 그러다 보니 한 직원의 불만 사항이나 의견은 다른 직원의 불만 사항이나 의견과 부딪칠 때가 대부분이다. 또 부서 간 역할에 관한 갈등이 직원 개인들에게도 전파된 경우가 많다. 모든 관련 직원들의 업무와 협업 방식에 대해 파악한 후에 이를 바탕으로 일하는 방식의 혁신과 시스템의 개선을 진행해야 한다. 이는 잘 알려진 부분 최적화와 전체 최적화 문제와 동일하다. 디지털 트랜스포메이션 사용자 경험은 부분 최적화로는 불충분하며 전체 최적화가 필요하다.

앞에서 소개했던 디지털 트랜스포메이션 사례들을 요약하면 다음과 같다. 골프장 사전 체크인은 고객 경험만 고려하면 되는 사례이고 IBM-애플의 항공기 추가 급유량 입력 앱과 고마츠의 공정 개선은 직원 경험만 고려되는 사례이다. 그리고 나머지 사례는 고객 경험과 직원 경험을 모두 고려해야 하는 사례이다.

이를 종합해보면 고객 경험과 직원 경험 중심의 디지털 트랜스포메이션 과제의 유형은 세 가지로 정리될 수 있다. 첫 번째 유형은 고객 경험 중심의 디지털 트랜스포메이션이다. 이는 홈페이지나 모바일 앱을 만드는 과제들이다. 이 과제들은 기존 사용자 경험 방법론과 역량으로 충분히 진행될 수 있다. 두 번째 유형은 직원 경험 중심의 디지털 트랜스포메이션으로 업무 시스템을 만들거나 개선하는 과제들이다. 업무 생산성 향상, 정확한 업무 수행, 비용 절감의 목표가 있다. 대부분 분절된 기능을 수행하던 여러 시스템을 직원의 업무와 프로세스에 적합하도록 통합하는 과제도 당연히 포함된다. 세 번째 유형은 고객 경험과 직원 경험을 모두 고려해야 하는

주요 디지털 트랜스포메이션 특징 정리

사례	고객 경험	직원 경험	시스템
골프장 사전 체크인	O (모바일 앱)	X	O
음식점 주문 키오스크	O (키오스크)	O	O
항공기 추가 급유량 입력 앱	X	O (모바일 앱)	O
DBS의 홈 커넥트 앱	O	O	O
고마츠의 공정 개선	X	O	O
식료품점의 커브사이드 픽업	O	O	O

경험 중심 디지털 트랜스포메이션 과제의 3가지 유형

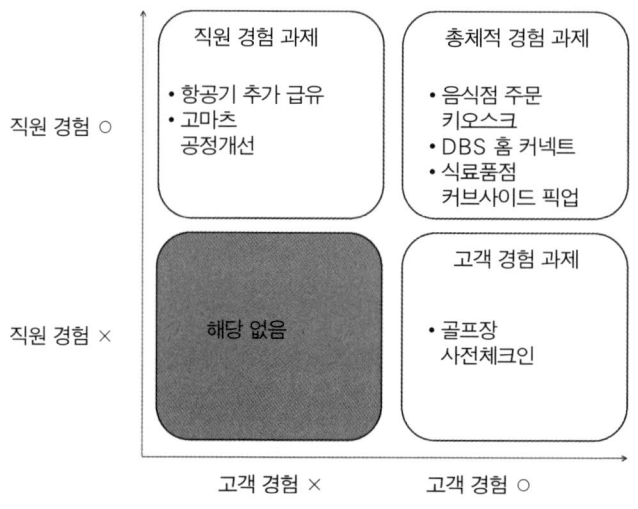

경우이다. 최근에 가장 많이 진행되는 유형으로 직원의 일하는 방식과 시스템을 개선하여 고객에게 혁신적인 경험을 제공하는 것이다. DBS의 홈 커넥트 앱이나 식료품 매장의 커브사이드 픽업과 같은 사례이다. 가장 복잡하고 어렵지만 상품의 시장경쟁력 향상에 크게 기여한다.

  고객 경험만 고려하는 유형의 과제는 기존 사용자 경험과 차이가 거의 없어서 별도로 다루지 않을 것이다. 직원 경험에 대해서는 3장에서 직원이라는 사용자의 특징에 대해 정리한 후에 소개하고자 한다. 그리고 4장에서 고객 경험과 직원 경험을 총체적으로 기획하고 디자인하는 디지털 트랜스포메이션 사용자 경험에 대해 정리할 것이다.

3
사용자 경험의 효과는 어떻게 측정하는가

마지막으로 디지털 트랜스포메이션 사용자 경험의 경제적 효과를 정리하겠다. 회사에서 근무하는 대부분의 고객 경험 기획자와 디자이너에게 투자 대비 효과ROI, return on investment는 골칫거리이다. 투자 대비 효과ROI는 인풋 대비 아웃풋으로 들어간 비용 대비 그로 인한 효과를 의미한다.

투자 대비 효과ROI=효과/비용

이를 이 책의 주제인 사용자 경험 중심 디지털 트랜스포메이션에 적용하면 다음과 같이 정리할 수 있다. 고객 경험과 직원 경험 기반 기획·디자인의 효과를 비용으로 나누면 디지털 트랜스포메이션 사용자 경험 투자 대비 효과가 계산된다. 고객 경험 기반 기획과 디자인은 비싼 장비나 소프트웨어를 쓰는 것이 아니라서 인건비가 대부분이므로 과제를 수행하는 인원의 인건비의 합이다.

디지털 트랜스포메이션 사용자 경험 투자 대비 효과
=(고객 경험 기획의 효과+직원 경험 기획의 효과)/비용

먼저 고객 경험 기반 기획·디자인 효과에 대해 알아보자. 고객 경험 중심 기획의 효과는 다음과 같이 정의할 수 있다.

고객 경험 기획의 효과=제품 가치 상승

모바일 서비스에서는 고객 데이터를 이용해서 사용자 경험 개선의 투자 대비 효과 입증에 성공하는 사례들이 많이 나오고 있다. 페이스북이나 구글은 새롭게 디자인한 사용자 인터페이스를 일부 사용자에게만 특정 기간 노출하여 데이터가 어떻게 바뀌는지를 확인하면서 개편한다고 한다(개인적으로도 T스토어의 바뀐 사용자 경험에서 매출 하락이 발생하지 않음을 증명한 적이 있고, 바뀐 T맵의 PV 증가를 데이터로 입증한 경험이 있다).

가장 잘된 투자 대비 효과 입증 사례는 신규 사용자의 가입 절차를 단순하게 하는 것이다. 문자로 보낸 이메일 링크만 누르게 하거나 비밀번호를 두 번 입력했던 것을 한 번으로 줄이고 있다. 회원가입 페이지 방문자 1만 명 중 5,000명이 가입하던 것을 8,000명으로 늘린 것은 아주 큰 성과이다. 가입자 증가의 사용자 경험 투자 대비 효과는 마케팅에 쓴 비용으로 계산할 수도 있고(1만 명 방문자

를 모집하기 위해 10억 원을 썼다면 3억 원의 효과) 가입한 5,000명의 추후 매출을 고려하여 계산할 수도 있다(증가한 3,000명의 추후 매출이 사용자당 10만 원이면 3억 원의 효과).

하지만 이것도 고객 데이터가 확보된 모바일 서비스나 웹 서비스 분야에서만 가능하다. 보통의 제품들에서는 언감생심이다. 예로 휴대폰이나 소프트웨어의 고객 경험 개선으로 인한 제품 가치 상승을 정량적으로 구분하기는 거의 불가능하다. 기획을 잘한 것, 디자인을 잘한 것, 마케팅을 잘한 것, 경쟁사가 못한 것이 다 섞여 있기 때문이다. 데이터를 통해 입증할 준비가 되어 있지 않고서는 우리가 개선한 고객 경험으로 회사에 얼마나 이익이 창출됐는지를 정량적으로 입증하기는 정말 어렵다. 고객 경험 투자 대비 효과와 같은 키워드로 검색해보면 서비스 센터의 고객 문의 전화량을 측정하는 방법을 포함한 여러 방법을 찾을 수 있다. 만약 그런 방법 중 한 가지라도 적용 가능하다면 행복한 상황이다.

2003년 삼성전자 사용성 평가 TF에서 일할 때 부서원 10명의 투자 대비 효과를 입증하기 위한 프로젝트를 했다. 사용성 문제 개선 이후 제품 판매 증가량을 살펴보았다. 심지어 서비스 센터의 고객 대응 횟수 감소량도 살펴보았다. 부서원이 10명이니 10억 원 이상 효과를 보이고 싶었지만 금액으로 환산하는 것은 실패했다. 제품 판매량의 증가는 사용성 개선뿐만 아니라 다른 여러 요인이 함께 영향을 미치고 있었다. 오히려 서비스 센터로 걸려 오는 고객 문의는 꾸준히 증가하고 있었다. 그 당시 전화 한 건당 소요 비용은 3,000원 정도였다. 10억 원을 입증하려면 33만 건의 전화를 줄여야 했다. 자세히 분석한 결과 개선한 제품의 고객 문의 전화가 줄긴

했지만 33만 건에는 어림도 없었다.

반면 직원 경험 기반 디지털 트랜스포메이션의 효과는 상황이 다르다. 이 경우 사용자가 직원이므로 직원의 업무 생산성 향상은 직원의 인건비가 절감되는 효과를 내기 때문이다(직원들의 인건비는 꽤 비싸다). 즉 직원 경험 기반 디지털 트랜스포메이션 효과는 직원들의 업무 생산성을 높이는 것을 통한 비용 절감이다.

직원 경험 기획의 효과=인건비 절감

위의 수식에서 인건비 절감의 예를 들어보자. 3만 명의 직원들이 매일 사용하는 소프트웨어가 있다고 하자. 직원들이 하루에 10번씩 봐야 하는 검색화면의 사용자 경험을 개선하여 업무 시간을 3초 줄일 수 있었다고 해보자. 그 사용자 경험 개선의 가치는 다음과 같이 계산될 수 있다(1인당 연봉 5,000만 원 가정).

① 회사 전체에서 줄어든 업무 시간=3만 명×1일 10회×3초(줄인 시간)=1일 900,000초=1일 250시간=1년 62,500시간(근무 일수 250일 기준)
② 직원 시간당 급여=연봉 5,000만 원=일급 20만 원(근무일수 250일 기준)=시급 25,000원(8시간 기준)
③ 회사 전체가 사용자 경험 개선으로 얻은 효과=62,500시간×시급 25,000원=1,562,500,000원=1년 15.6억 원

계산해보면 1년에 15.6억 원의 비용 절감이 발생한다. 이는 직원

들의 업무 생산성을 높였기(사용성 개선으로 낭비를 줄였기) 때문이다. 한 화면에서 3초를 개선한 것이 모든 직원에게 적용되면 이렇게 큰 가치로 변환되는 것이다. 이것이 최근에 많은 기업이 직원 경험 또는 엔터프라이즈 사용자 경험에 관심을 가지는 이유이다.

이번엔 실제 사례를 적용해서 계산해보자. 3장에서 소개할 반도체 공정 관리 툴을 위한 개선 프로젝트는 대부분 박사급인 30명의 공정 관리자가 3시간 걸리던 업무를 15분에 완료할 수 있게 한 것이다. 계산해보면 이 개선으로 인한 업무 생산성 향상의 가치는 10억 원이다.

① 회사 전체에서 줄어든 업무 시간=30명×1일 1회×2.75시간(줄인 시간)=1일 82.5시간=1년 20,625시간(근무 일수 250일 기준)

② 직원 시간당 급여=연봉 1억 원=일급 40만 원(근무 일수 250일 기준)=시급 50,000원(8시간 기준)

③ 회사 전체 사용자 경험 개선으로 얻은 효과=20,625시간×시급 50,000원=1,000,625,000=1년 10억 원

이와 같은 방식으로 사용자 경험 기반 디지털 트랜스포메이션 과제의 효과를 측정할 수 있다. 실제로 그 가치는 상당히 높다. 관련 문헌에 의하면 투자 대비 효과는 10배 이상으로 알려져 있다.[8] 따라서 우리는 고객 경험과 직원 경험 기반 기획·디자인의 가치를 측정하여 경영진에게 전달할 필요가 있다. 실제로 많은 회사에서 이런 효과를 측정하지 않아서 안타깝게도 경영진의 관심을 받지 못할

때가 많기 때문이다.

어느 마케팅 전문가가 했던 이야기를 소개하고 싶다.

"마케팅과 경험 기반 기획·디자인은 경영자의 입장에서 보면 비슷합니다. 둘 다 고객을 대상으로 하며 약간 추상적으로 보입니다. 또 대부분 경영자가 잘 모르는 분야라는 점입니다. 그런데 마케팅은 투자한 만큼 그 성과를 보여준다는 믿음이 있습니다. 쉬운 예로 TV 광고에 1억 원을 쓰면 1억 원 이상의 매출 향상이 일어나기 때문이죠. 하지만 경험 기반 기획·디자인은 1억 원을 쓰면 1억 원 이상의 효과가 나올지, 그 효과가 언제 나올지 알지 못합니다."

우리나라가 선진국에 진입하고 주 52시간 근무와 최저임금의 향상으로 기업에서 직원의 업무 생산성 향상이 큰 관심을 받고 있다. 경영자의 입장에서는 가급적 주어진 시간 안에 직원들이 주어진 업무를 실수 없이 효율적으로 수행하기를 바란다. 경험 기반 기획·디자인의 전문성이 적용된다면 이런 경영자의 목표에 크게 기여할 수 있다. 투자한 만큼의 효과가 나오는 분야라면 어느 경영자가 투자를 망설일까?

정리

- 고객과 컴퓨터의 인터랙션을 고려하는 기존 사용자 경험 모델은 디지털 트랜스포메이션 과제에 부족하다. 고객은 물론 직원과 시스템까지 고려하는 디지털 트랜스포메이션 사용자 경험 모델이 적합하다.
- 디지털 트랜스포메이션 과제는 고객 경험만 고려하는 경우, 직원 경험만 고려하는 경우, 그리고 고객 경험과 직원 경험을 둘 다 고려하는 총체적 경험 과제로 구분될 수 있다.
- 고객과 직원의 총체적 경험 관점을 통해 더 많은 혁신을 발굴할 수 있다.
- 디지털 트랜스포메이션 과제는 고객의 만족도는 물론 직원의 업무 생산성을 혁신하므로 투자 대비 효과가 매우 높다.

3장
디지털 트랜스포메이션에서 직원 경험은 어떤 특징이 있는가

1
디지털 트랜스포메이션은 알하는 방식을 바꾸었다

성공적인 디지털 트랜스포메이션 추진을 위해서는 고객 경험뿐만 아니라 직원 경험도 고려해야 한다. 실제로 디지털 트랜스포메이션은 이미 직원의 업무 영역에서 활발히 진행되어왔고 4차 산업혁명과 팬데믹으로 인한 원격 업무의 확산과 인터넷 서비스의 다양화로 더욱 가속화되고 있다.

직원의 업무 영역에서 진행되던 디지털 트랜스포메이션 사례를 알아보자. 우리가 널리 알고 있는 사례로 주식 거래가 있다. 예전에는 주식을 종이로 발행해서 보관했다. 주식이 휴지가 되었다는 말도 여기서 유래되었다. 실제 거래도 증권사 지점이나 거래소에 방문해 종이로 된 양식을 작성해서 진행했다. 하지만 지금은 증권사에 직접 방문해서 거래하는 경우는 거의 없다. 대부분 모바일 앱으로 진행하며 증권사 내부의 업무 시스템도 전산화되었다.

1993년 삼성전자주식회사주권

당시에는 주식이 종이로 되어 있었다. 지금은 디지털화되어서 증권사 계좌에 있다.

다른 사례로 제과점 프랜차이즈의 점주용 앱을 들고 싶다. 어느 날 집 앞의 빵집에 갔다가 점포 사장님이 회사에서 제공한 모바일 앱으로 다음 날 판매할 빵과 재료를 주문하는 것을 본 적이 있다. 궁금해서 사장님께 이 앱을 어떻게 쓰고 또 좋아진 것은 무엇인지 물어보았다. 그러자 다음 날 판매할 제품의 재고를 확인하기 위해 새벽 5시에 출근하는 일이 없어졌고 본사에 제품을 주문할 때 매장의 제품별 판매량을 확인하고 주문할 수 있어서 비인기 제품 때문에 발생하는 재고가 많이 줄었다고 했다.

유통기한이 짧은 베이커리 상품은 재고를 최소화하는 것이 본사와 점포 모두에게 아주 중요한 문제이다. 특히 매장 점주에게는 매출에 있어서 매우 중요한 부분일 것이다. 이 앱은 간단해 보이지만 본사의 주문 담당 직원, 배송 직원, 그리고 점주의 중요한 문제를 해결하였다.

또한 회사 동료가 프로젝트로 수행한 반도체 생산관리시스템의 사용자 경험 개선 사례를 들고 싶다. 반도체를 생산하는 세부 공정은 1,000개 이상이고 생산 기간은 로트lot(반도체 실리콘 웨이퍼가 실리는 단위) 한 개당 2개월을 넘기기도 한다. 이 반도체 회사의 공정 엔지니어들은 이런 로트를 수십 또는 수백 개를 관리하고 있는데 상황에 따라 생산 중에 제조 방법을 바꾸거나 이슈가 발생하면 바로 조치해야 한다. 이때 공정 엔지니어가 실수라도 하게 되면 생산 중이던 반도체들은 모두 폐기되어야 하므로 회사에 엄청난 손해를 끼칠 수 있다.

실제로 한 엔지니어는 신입 때 특정 공정의 제조 레시피를 잘못 입력해서 로트 1개를 날린 적이 있다. 그때 손해 본 금액이 10억 원이어서 자기 별명이 10억 원이 되었다고 했다. 이 엔지니어는 자기 부주의 때문이었다고 기억하고 있는데 과연 엔지니어의 잘못만이 원인이라고 할 수 있을까? 내 동료는 반도체 공정 엔지니어들의 업무를 '관찰하고 모델링하고 분석해서' 실제 업무에 도움이 되는 기능과 절차를 고안하여 반영한 시스템을 기획했다. 그 결과 매일 수행하는 공정 엔지니어의 생산 데이터 처리 업무 시간이 3시간에서 15분으로 줄어들었다. 당연히 회사 경영진이 큰 관심을 보였고 성공적인 사례가 되었다.

사례에서 본 것처럼 직원의 업무용 소프트웨어나 툴은 간단한 모바일 앱부터 아주 복잡한 시스템까지 개수도 많고 종류도 다양하다. 일반적으로 사용하는 출퇴근 관리 시스템, 경비 정산 시스템, 연말정산 시스템부터 특정 직무에서만 사용하는 전용 시스템이나 소프트웨어도 있다. 앞서 예로 든 비행기의 추가 급유량 입력 앱이 여기에 해당하고 그 외에는 병원에서 쓰는 전자의무기록 작성 및 환자 정보 관리 시스템을 예로 들 수 있고 주변에서 가장 친근한 사례로는 마트나 편의점에서 사용되는 포스POS가 있겠다. 이런 업무용

영수증 처리에 관한 기사

국내 중견·대기업 이상 경비처리 실태, "아직도 영수증 풀칠…가장 불편" (출처: 파이낸셜신문, 2018. 10. 10)[10]

소프트웨어 세계에서는 오라클이나 SAP 같은 기업들이 최상위에 있다. 일반 사용자 입장에서 이름만 알고 어떤 일을 하는지는 잘 모르는 이 기업들의 한 해 매출은 엄청나다.[9] 그만큼 기업에서 직원들이 사용하는 소프트웨어 시장의 규모가 크다.

기업에서 직원들이 사용하는 소프트웨어의 사용자 경험은 형편 없는 경우가 많다. 나는 전 직장에서 사용한 과제 관리 시스템에서 담당자를 지정하고 변경하는 것을 매번 동료에게 물어보면서 했던 경험이 있다. 6~7번 정도 하고 나서야 어떻게 하는지를 알 수 있었다. 출장비 정산 시스템에서 영수증 처리를 잘못해서 손해를 본 적도 여러 번 있다. 하지만 대다수의 직원은 이를 감내하면서 일하고 있다.

직원들이 불평을 하지 않으면 괜찮은 업무 시스템이라고 말할 수

사용자의 요청 사항과 실제 개발된 상품 간의 간극을 지적한 그림

고객은 그것을 어떻게 설명했는가

프로젝트 리더는 그것을 어떻게 이해했는가

애널리스트는 그것을 어떻게 디자인했는가

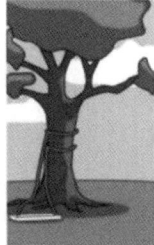
프로그래머는 그것을 어떻게 썼는가

비즈니스 컨설턴트는 그것을 어떻게 묘사했는가

프로젝트는 어떻게 기록되었는가

어떤 작업이 설치되었는가

고객에게 어떻게 청구되었는가

그것은 어떻게 지원되었는가

고객이 정말 필요로 하는 것은 무엇인가

이 그림은 기업용 소프트웨어에서 더 중요한 질문을 던진다. (출처: philhord.com)

있을까? 그렇게 생각할 수도 있지만 기업 경영의 입장에서 보면 아주 틀린 말이다. 즉 하루 8시간을 일하는 사람이 10개의 업무를 처리하고 있다고 해보자. 만약 업무 시스템을 잘 만들어서 12개를 처리할 수 있게 한다면 업무 생산성은 20%가 늘어난 것이다. 다른 말로 120개의 업무를 처리하는 데 12명이 필요한 것이 아니라 10명이 필요한 것이다. 10명은 기존 업무를 처리하고 나머지 2명은 새로운 일을 하게 된다면 그 가치는 더더욱 올라갈 것이다. 기업에서 사용하는 소프트웨어에서 직원 경험은 업무생산성과 아주 밀접한 관계가 있다.

기업용 소프트웨어에서 잘 만들어진 사용자 경험은 직원들의 실

기업에서 사용하는 소프트웨어에서 직원 경험은 업무생산성과 아주 밀접한 관계가 있다.

수를 막고 생산성을 향상하고 고객에 대한 좋은 서비스로 이어진다. 반면 잘못 만들어진 사용자 경험은 기업에 큰 손실을 일으키고 한 명이 할 일을 두 명이 하게 되고 결국 고객 불만족의 원인이 된다. 또한 기업용 소프트웨어의 개발은 대부분 대규모 프로젝트이다. 큰 비용이 투자되고 오랜 기간 진행된다. 심지어 개발만 5년째 하는 과제도 본 적이 있다. 문제는 잘못된 기획으로 15%의 과제는 진행 중 취소되며 50% 정도의 프로그래밍 낭비가 생긴다고 알려져 있다.[11] 제대로 설계된 사용자 경험은 큰 비용이 투자되는 기업용 소프트웨어 개발의 성공 가능성을 매우 크게 높인다.

2
개발자가 만든 직원 경험의 문제는 무엇인가

　잘 만든 직원용 소프트웨어의 효과는 분명하고 산업 규모도 크다. 하지만 우리가 현실에서 마주하는 대부분의 업무용 도구들은 꼭 필요한 기능만 가지고 있고 사용하기 불편한 경우가 많다. 그 이유는 직원 경험 관점의 디지털 트랜스포메이션을 실현하기 위해, 즉 좋은 직원 경험을 기획하고 개발하는 데 필요한 여러 가지 요소와 원칙들이 현장에서 잘 고려되지 않기 때문이다.

　기업에서 진행되고 있는 소위 시스템 개발 프로젝트, 솔루션 개발 과제 등 소프트웨어 개발 과제 대부분은 기업용 소프트웨어의 기획 역량을 가진 사용자 경험 전문가의 참여 없이 진행된다. 이미 설계까지 마친 소프트웨어에 비주얼 디자인만 수행하거나 기획에 대한 고민 없이 사용자 인터페이스만 작업하게 되는 경우도 있고 전문가가 투입되더라도 시기가 적절하지 않거나 주어진 시간이 너무 짧은 경우도 많다. 심지어는 개발자가 직접 사용자 경험 기획을 담당하는 경우도 있다. 성공적인 직원 경험의 기획을 위해서는 경험 전략 수립과 반복적 프로토타이핑을 통한 개선이 필수이지만 수행할 역량과 시간이 부족한 것이 현실이다. 최근에는 조금씩 상황이 나아지고 있으나 아직도 직원 경험의 수준은 아주 낮은 편이며 그 결과물은 다음과 같은 특징을 가진다.

● ● ● ● ●
(1) 사용자 인터페이스가 원색 위주이다

소프트웨어 개발자들은 빨강, 파랑, 노랑의 원색을 좋아하는 것 같다. 여러 업무 시스템과 엔터프라이즈 솔루션을 보다 보니 이제는 사용자 경험 전문가가 참여했는지 아닌지를 사용자 인터페이스를 보면 바로 알 수 있다. 원색이 많으면 사용자 경험 전문가 없이 소프트웨어 개발자가 디자인한 것이다.

왜 그런지 알 수 없지만 아마도 그들에게 익숙한 소프트웨어 개발 환경 때문이라고 생각한다. 주로 나타나는 현상은 색상 배합이 조악하거나 특정 색상들이 가지는 의미를 고려하지 않거나 포인트 컬러를 일관되게 사용하지 않는 것이다. 예를 들어 일반적으로 모니터링 업무에서 문제는 빨강으로 표시하고 경고는 주황으로 표시한다. 하지만 업무적인 의미와 관계 없이 한 화면에서 경고 표시로 쓰인 색상이 다른 화면에서는 강조의 의미로 쓰이는 경우가 많다.

소프트웨어 개발 환경(왼쪽)과 유사한 컬러 팔레트가 사용된 업무용 시스템(오른쪽)

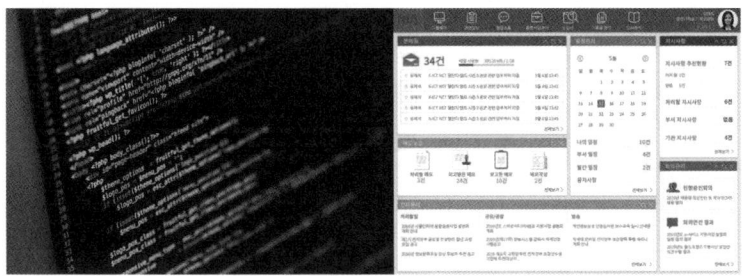

●●●●●
(2) 사용자 경험의 디자인 시스템을 지키지 않는다

업무 시스템이나 솔루션의 사용자 경험이 경쟁사에 비해 나쁘다는 불만이 많으니 개선해 달라는 과제들이 많다. 그럴 때 경쟁사의 사용자 경험을 분석하는 일부터 시작하게 된다. 경쟁사 쪽에 무언가 대단한 사용자 경험이 있으리라고 기대하지만 막상 경쟁사 소프트웨어의 사용자 경험이 더 좋아 보이거나 불만이 적은 이유를 보면 윈도 표준을 잘 지킨 것뿐인 경우가 많다(버튼은 버튼같이 디자인하기, 체크박스와 라디오버튼은 용도에 맞게 구분하기, 리스트는 스크롤 영역을 잘 구분하기 등). 하나의 시스템과 솔루션에서는 사용자 경험 체계에 따라서 지켜야 할 원칙이 존재한다. 이것을 디자인 시스템이라고 부른다. 대체로 많이 사용되는 윈도, 안드로이드, 맥 OS, iOS에는 디자인 시스템이 존재한다. 직원용 업무 시스템의 사용자 경험은 표준만 잘 지켜도 중간은 간다.

(3) 소프트웨어 개발자는 개발 효율성 중심으로 기획한다

사용자 경험 복잡도 보존의 법칙이 있다.[12] 사용자가 사용하기 쉽다는 것은 소프트웨어가 복잡한 것을 많이 처리한다는 것이고 사용자가 사용하기 어려운 것은 소프트웨어가 적게 처리한다는 것이다. 많은 회사에서 사용자 경험 기획자와 소프트웨어 개발자는 견원지간이라 불릴 만큼 사이가 좋지 않다. 이건 건전한 갈등으로 보아야 한다. 오히려 이 둘 사이에서 벌어지는 갈등에 대한 의사결정을 소프트웨어 개발 일정과 개발 편의성 위주로 하는 것이 문제다. 이러한 문제는 결국 심각한 사용성 문제로 발현된다.

개발 편의 관점의 문제 중 가장 많이 나타나는 현상의 하나는 디폴트(기본 설정값default)를 설정하지 않는 것이다. 예로 김 과장이 법인카드 정산을 3건 하려고 한다고 해보자. 정산 앱에 들어가면 정산할 건을 하나 선택하고 부서와 계좌와 예산 항목을 선택해야 한다. 두 번째를 처리할 때도 부서와 계좌와 예산 항목을 선택해야 하고 세 번째도 마찬가지이다. 직원 경험을 간단하게나마 고려한다고 해보자. 그럼 이 세 가지 입력 항목에 디폴트로 직원이 소속된 부서, 가장 자주 사용하거나 최근 사용한 계좌, 예산 항목을 미리 선택해둔다면 직원의 수고로움을 줄일 수 있다.

하지만 일정과 편의성만 고려하여 사용자 경험 기획자의 검토 없이 개발자들만 참여한 상태에서 일이 진행되면 디폴트가 고려되지 않는 경우가 많다. 그런 문제 때문에 최근 여러 회사의 사장님들이 "클릭 수를 줄여라!"라는 지시를 내리는 것이다. 현장 사용자들의

한 포털의 선거 당선자 찾아보기 페이지

하나의 규칙만을 적용하여 전체적인 선거 결과의 파악이 어렵고 사용자의 클릭 수가 늘어났다.
(출처: 네이버)

불만도 상당하다. 업무 시스템에서 현장 사용자들의 불만이 많은 부분 중에 이 디폴트 항목이 있다. 소비재 상품에서 적은 클릭 수는 고객 전환율과 구매율을 높인다는 것이 입증되어 왔다.

다른 현상은 규칙rule에 집착한다는 것이다. 일반적인 엔지니어들의 성향이기도 하다. 여러 케이스를 하나의 규칙으로 하고 싶어 하는 경향이 강하다. 위의 그림은 한 포털의 선거 당선인을 보여주는

페이지이다. 이 선거는 시·도지사, 구·시·군의 장, 구·시·군의회의
원부터 국회의원 보궐까지 선거가 진행되었다. 시·도지사는 당선인
이 17명, 구·시·군의 장은 226명, 구·시·군의회의원은 2,347명이
다. 즉 시·도지사는 한 페이지에 17명을 다 보여도 되고 구·시·군
의 장은 구·시·군별로 한 페이지에 보여도 되고 구·시·군의회의원
은 시를 선택 후 구를 선택하도록 하는 것이 적합한 사용자 경험이
라고 할 수 있다.

하지만 당선인을 보기 위해 제공되는 사용자 경험은 구청장이건
의회 의원이건 시를 고르고 구를 골라야 당선인을 볼 수 있게 만들
어져 있다. 즉 한 페이지에 보여줄 콘텐츠의 숫자가 고려되는 것이
아니라 여러 경우를 포괄하는 하나의 규칙을 만들고 그 규칙을 충
실하게 따르는 사용자 경험을 만든 것이다. 소프트웨어 개발자들은
이런 규칙을 매우 잘 찾는다. 그런데 일반 고객들은 절대 생각하지
못할 만한 규칙이라는 게 문제이다.

●●●●●
(4) 초보자 사용자의 입장에서 생각하지 않는다

스티브 크룩Steve Krug은 2005년에 출간한 저서 『사용자를 생각
하게 하지 마라Don't make me think』에서 사용자들을 고민에 빠뜨리지
말라는 원칙을 제시하였다. 사용자들, 특히 초보 사용자들은 상품
이나 서비스 또는 시스템에는 관심이 없고 원하는 목적을 달성하고
자 할 뿐이다. 그들은 매뉴얼도 읽지 않으며 화면에 나와 있는 여러

정보도 열심히 보지 않는다. 오히려 사용자의 목적 달성과 관련된 단어 또는 익숙한 버튼을 보면 그걸 누른다는 것이다.

그렇다면 왜 소프트웨어 개발자들은 초보자들을 고려하지 못할까? 그 이유는 소프트웨어 개발자들이 너무 많이 알고 있기 때문이다. 심지어 시스템이 어떤 제약이 있고 어떻게 동작하는지 모두 안다는 것이다. 그래서 사용자들의 마음에 공감하거나 정황을 고려하기보다는 소프트웨어 입장에서 생각하기 때문으로 보인다. 예컨대 기능은 모든 단계에 사용자의 개입을 통해 순차적으로 처리되어야 하고 처리 결과로 보게 되는 정보들은 데이터베이스의 테이블 형태로 모두 보여주어야 한다는 생각에서 벗어나지 못한다. 또 초보자의 입장에서 생각하지 않는다. 반면 전문가들은 실제로 다른 사람의 입장에서 생각하는 방법에 대해 훈련을 받는다. 이를 공감empathy 역량이라고 한다. 공감 역량이 부족하면 잘된 기획을 하기 어려운 경우가 많다. 결국 이 또한 관점의 문제이다. 초보자도 고려하는 관점이 필요하다.

●●●●●
(5) 기능이 있으면 괜찮다고 생각한다

많은 소프트웨어에서 기능이 있으나 사용자들이 사용하고 있지 않은, 심지어 그런 기능이 있는지도 모르는 현상이 나타난다. 직원들이 사용하는 업무용 앱이나 솔루션에서는 더 심하다. 사용자들이 몰라서 못 쓰거나 불편해서 사용하지 않는다면 그 기능은 있는 것

애런 월터의 사용자 니즈의 4단계

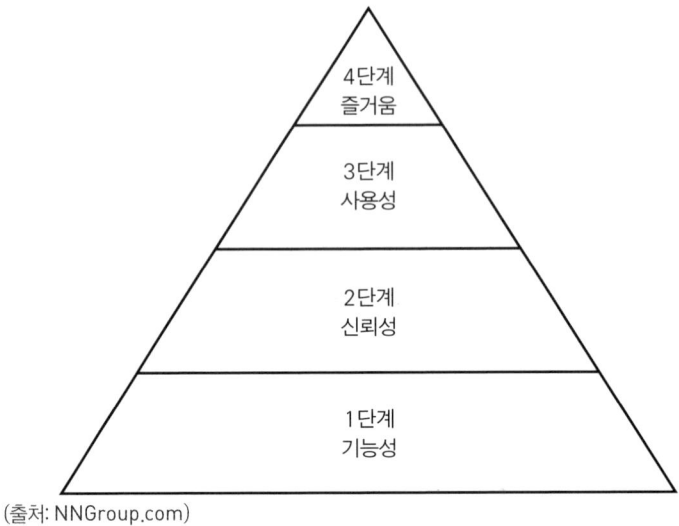

(출처: NNGroup.com)

일까, 없는 것일까? 이에 대해 애런 월터Aarron Walter는 저서 『감성 디자인Design for Emotion』에서 위 그림과 같이 정리하였다. 사용자 니즈에는 4단계가 있다. 가장 아래인 1단계는 상품이나 서비스가 기능을 제공하고functional, 2단계는 신뢰할 수 있고reliable, 3단계는 사용하기 쉽고 편리하고usable, 가장 위인 4단계는 즐거운 경험을 준다pleasurable.

이런 관점에서 기능을 제공하는 것만으로 충분한지는 결국 사용자들의 기대치가 어디에 있는지로 결정된다. 만약 경쟁사들이 기능이 없는 상황이면 기능 제공만으로 충분한 것이고 경쟁사들도 기능을 제공하고 있다면 신뢰할 수 있고 사용성도 갖추어야 한다는 것이다.

이런 점에서 정부나 시스템 개발 과제와 같은 업무 시스템 개발 과제에서 소프트웨어가 제대로 개발되었는지를 여전히 기능의 유무로 판단하는 관습이 있다. 그러나 직원들의 사용자 경험에 대한 기대치가 계속 올라가는 상황이다. 이러한 판단 기준이나 관습은 수정되어야 한다.

(6) 경험 중심의 연동 관점이 부족하다

경험 중심의 연동 관점은 내가 사는 아파트의 방문자 출입 경험을 예로 설명하겠다. 방문자가 도착하면 먼저 아파트 입구의 경비소에 차를 세우고 어느 집에 방문하는지 말해야 한다. 동과 호수를 말하면 자동차 번호는 카메라로 자동 인식되고 차 유리문 아래 두어야 하는 영수증을 발급받는다. 이쯤 되면 방문 처리는 다 끝났고 주차장 입구를 찾아 차를 대기만 하면 될 것 같다. 하지만 문제는 이제 시작이다.

주차장 출입구에 도착하면 차단기가 내려져 있다. 여기에서 방문할 집의 동호수를 다시 키오스크에 입력해야 한다. 그 집의 단말기에서 출입을 승인하면 차단기가 열려서 주차장에 진입할 수 있다. 분명히 입구에서 동호수와 차량 번호를 받아 갔다. 그런데 차단기가 열리지 않는다. 그 이유는 알 수가 없고 이미 뒤에는 차들이 줄을 서기 시작한다. 정신을 차리고 동호수 입력 키오스크 키패드에 적힌 동호수 입력 문법을 파악한 뒤 운전석에서 힘들게 입력한다. 혹시 틀릴까 봐 걱정도 되고 왜 두 번씩 물어보는지 화가 나기 시작한다.

　방문할 집에서 인터폰이 울리면 해당 집에서는 스마트홈 단말기의 주차장 버튼을 누르고 문 열기 버튼을 눌러야 한다. 타이밍이 맞지 않으면 문이 열리지 않고 전화를 또 해야 한다. 이미 뒤에 다른 차들이 줄을 서서 인상을 쓰고 있으니 죄송하고 민망한 마음인데다 문이 왜 열리지 않는지 상황을 알 수 없으니 당황스럽기까지 하다.

　이 문제는 경험 중심의 관점으로 정리하면 좋은 해결 방법을 찾을 수 있다. 아파트 도착 후 경비소에서 방문할 동호수를 말할 때 인식된 자동차 번호가 방문자로 자동 등록된다. 그럼 해당 차량이 주차장 입구에 도착할 때 차단기가 번호를 인식해서 자동으로 열리거나 좀 더 보안이 필요할 경우에는 경비소에서 정보를 입력할 때 집주인에게 연락해서 승인하게 할 수도 있다. 하지만 이런 해결 방법은 시스템을 구성하는 각 요소가 필요한 기능만 수행하면 되는 기능 중심의 사고방식이나 앞서 설명한 개발 일정과 편의성이 의사결정의 중심이 되는 상황에서는 생각해내기 어렵다.

●●●●●
(7) 이후의 기능 추가를 고려하지 않는다

　대부분의 소프트웨어(모바일 앱 포함)는 새로운 버전이 출시되면 신규 기능을 강조한다. 예로 새로 업데이트된 맥 OS는 셰어 플레이Share Play와 압축 탭 막대 등을 소개한다. 아이폰의 iOS는 카메라 부근의 검은 영역을 활용한 다이내믹 아일랜드Dynamic Island를 강조한다. 소프트웨어에서 기능 추가는 아주 자연스러운 현상이다. 특히 직원이 사용하는 앱은 회사 각각의 상황이 다르기 때문에 다양한 기능 추가가 요구된다. 그러므로 직원용 소프트웨어는 기능 추가에 유연하게 대응 가능한 구조를 갖추어야 한다. 이는 매우 수준 높은 사용자 경험 기획 역량이다. 당연히 소프트웨어 개발자들에게 기대하기 어려운 역량이다.

지금까지 소프트웨어 개발자들이 만든 사용자 경험의 특징에 대해 살펴보았다. 이는 소프트웨어 개발자들의 역량을 폄하하려는 것이 아니다. 사용자 경험을 잘하는 것은 소프트웨어를 잘 개발하는 역량과 다른 역량이다. 오히려 사용성 및 고객 경험에 대한 이해를 바탕으로 경쟁력 있는 상품을 만드는 개발자들이 많이 있다. 또한 고객 경험 관점으로 소프트웨어를 바라보면서 좋은 의견을 계속 반영하고 고객 경험 관점으로 의사결정하는 소프트웨어 개발자들도 많이 있다. 그러나 대부분의 소프트웨어 개발자들은 '기능' 위주로 사고하며 사용자의 환경과 맥락을 고려하는 역량이 부족하다.

이 주제는 2008년도에 데이비드 플랫David Platt이 출간한 『소프트웨어, 누가 이렇게 개떡같이 만든 거야Why Software SUCKS... and what you can do about it』에 자세히 소개되었다. 실제로 1990년대 후반과 2000년대 초반의 사용자 경험 전문가들은 소프트웨어 개발자들과 치열한 역할 다툼을 해야 했다. 지금은 거의 모든 회사에서 소프트웨어 기획은 사용자 경험 전문가가 해야 한다고 받아들여지고 있다. 그러나 아직 많은 직원 업무 시스템은 소프트웨어 개발자들이 만든 상태로 남아 있다.

그렇다면 제대로 된 직원 경험을 디자인하는 데 중요한 관점은 무엇일까? 크게 3가지로 이야기할 수 있다. 첫째, 직원이라는 사용자는 일반 사용자와 어떻게 다른가. 둘째, 직원 경험 과제의 특징은 무엇인가. 셋째, 최근에 대두된 컨슈머라이제이션consumerization과 같은 트렌드를 파악하는 것이다. 하나씩 알아보도록 하자.

3
직원이라는 사용자의 특징은 무엇인가

성공적인 디지털 트랜스포메이션의 중요 요소 중 하나인 직원의 특성에 대해 알아보자. 직원으로서 일할 때의 우리와 고객으로서 소비재 제품을 사용하는 우리는 아주 다르다. 아예 두 개 이상의 인격을 가진 다른 사람으로 봐야 한다. 소비재 제품을 사용하는 우리는 내가 필요해서 또는 내가 좋아서 어떤 제품이나 서비스를 직접 선택해서 사용하게 된다. 그래서 복잡한 것은 싫고 쉽고 직관적인 것을 더 중요하게 생각한다. 하지만 일할 때의 우리는 어떤가. 소비재 제품에서는 예컨대 여행사 직원이 출장지 4곳의 항공 스케줄을 찾아서 예약하기와 같은 상상도 못 할 복잡한 업무를 수행하고 500명의 급여 지불을 위해 엑셀을 띄워놓고 정확하게 계산을 재차 하면서 숫자를 입력하는 것과 같은 정확한 의사결정을 해야 하고 생산 현장에서 여러 이미지를 한꺼번에 보면서 1초에 하나씩 불량

택배 직원이 엘리베이터에 표시한 집 위치

엘리베이터를 내려서 왼쪽 앞은 3호, 뒤는 2호, 오른쪽은 1호임을 표시했다. 두리번거리지 않고 최대한 빠르게 집 앞에 물건을 두기 위함이다.

판정하기처럼 엄청나게 빠른 속도로 정보를 입력하기도 한다.

이는 회사가 직원들에게 원하는 네 가지가 있기 때문이다. 첫째, 삼성생명 직원처럼 실수하지 않기를 원한다. 둘째, 제과점 점주나 택배 직원처럼 최대한 효율적으로 일하기를 원한다. 셋째, 반도체 생산관리시스템처럼 문제를 빠르게 진단하고 올바르게 해결하기를 원한다. 넷째, 업무를 배우기 위한 기간과 훈련 비용을 줄이길 원한다.

그래서 직원들이 사용하는 서비스나 시스템을 디자인할 때는 소비재와 다른 특징들을 잘 파악하고 있어야 한다. 일반 소비재로 생각하고 디자인하게 되면 내 디자인 때문에 많은 직원이 고통스럽게 일하는 모습을 지켜봐야 하는 괴로운 경험을 하게 될 수도 있다. 그러면 직원이라는 사용자는 어떤 특징이 있는지 하나씩 이야기해보겠다.

● ● ● ● ● ●
(1) 주어진 업무와 도구를 가지고 일한다

직원들은 부서에서 담당하는 업무들이 있다. 또한 이 업무를 회사에서 제공한 도구로 수행해야 한다. 스스로 결정한 것이 아니라 회사에서 정한 것이라는 의미이다. 전형적인 사례로 예전에 삼성그룹에서는 문서를 훈민정음 워드프로세스로 만들어야 했다. 마이크로소프트의 워드에 익숙한 신입사원들은 문서작성에 시간이 엄청 걸렸다. 이는 모두 회사 보안을 위해서라는 농담도 있었다. 왜냐하면 삼성 외부에 훈민정음이 설치된 PC가 없었으니까. 심지어 많은 회사에서는 프리웨어들을 사용하지 못하게 한다. 대부분의 프리웨어는 개인이 사용할 때는 무료이나 회사에서 업무용으로 사용할 때는 유료이기 때문이다.

● ● ● ● ● ●
(2) 소프트웨어 구매자와 사용자가 다르다

이런 일이 있었다. 디자인 팀원 대부분이 스케치 툴을 사용하고 싶었는데 실현되지 못했다. 당시 스케치는 맥에서만 사용할 수 있었다. 디자인 팀원의 노트북을 맥으로 바꾸는 것까지는 설득했다. 하지만 회사 업무에 필요한 다른 소프트웨어들은 대부분 보안 관련 소프트웨어들이어서 맥에서는 사용할 수 없었고 결국 구매팀과 보안팀의 반대로 스케치를 사용하지 못했다. 직원들에게 제공되는 소프트웨어들은 구매팀에서 선택한다. 또는 예전에 쓰던 것을 계속 사용하도록 한다. 구매 담당자들이 선호하는 기준은 사용자들과 다르다. 비용은 물론 보안, 장기적인 애프터서비스, 제품 신뢰도, 개발 회사의 재무 신뢰도 등을 고려한다. 또한 한 번 채택된 것을 바꾸는 것은 매우 힘들다. 이는 큰 회사일수록 더욱 그렇다.

●●●●●
(3) 복잡하고 많은 업무를 동시에 수행한다

직원들의 업무는 빡빡하게 짜여 돌아간다. 사실 직원이 놀게 놔두는 회사는 거의 없다. 다음은 '직원의 하루'로 검색한 결과 중 하나이다. 이 직원은 수송비 지급 전표 발행, 수송비 정산 및 통계자료 작성, 부서 비품 관리, 전표 처리, 보고서 작성의 업무를 수행한다. 2년 차 사원의 업무가 이 정도이니 대리나 과장만 되어도 훨씬 복잡한 업무를 처리할 것이다. 남이 시킨 복잡한 업무를 남이 정해준 도구로 하는 것이다. 그러니 이 도구가 나쁘면 더 밉고 싫어진다.

한국가스공사 2년 차 직원의 하루

출근 전	**동기들과 함께하는 커피타임** 저 또한 출근 전에는 앞서 인터뷰에 응해준 멋진 동기들과 함께 회사 카페에서 커피타임을 갖습니다! 일과 중에는 서로 마주치기 힘들기 때문에 매일같이 아침 카페에서 모여 수다를 떨며 하루를 준비합니다.
09:00	**선박 운항 일정 확인** 출근 직후에는 그날그날 공사의 4개 기지로 LNG를 수송해주는 선박이 무엇이 있는지 확인합니다. 또한 선박이 입항하기 전에 수송비 대금이 제때 지불되었는지 확인하고 있습니다.

10:00	**수송비 대금 지불**	

10:00 **수송비 대금 지불**
LNG수입통관부에서 항차별로 LNG 통관 처리를 하고 나면 우리 수송부에서 수송비 지급 전표를 작성합니다. 금액이 큰 만큼 금액, 지불일, 계좌번호 등 여러 숫자가 정확한지 확인 또 확인하고 있습니다!

점심 시간 **부서 선배들과 커피타임**
입사 직후에는 출강 영어 수업을 듣기도 했지만, 최근에는 식사 후에 부서 선배들과 커피타임을 가집니다. 선배들이 사주시는 커피는 더 맛있는 것 같아요 *_*

13:00 **수송비 정산**
매년 5~11월 LNG수송부에서는 전년도 수송비에 대한 정산 작업이 이루어집니다. LNG선박의 운영선사가 보내 온 비용 관련 증빙서류들을 확인하고 전체 비용을 집계합니다. 그리고 최종적으로 차액을 주고받고 각종 통계자료를 작성합니다.

15:00 **부서 서무 처리**
나른해질 때쯤 부서 비품 관리, 간식 주문, 전표 처리 등 기존과 다른 업무를 하며 잠을 깨우곤 합니다. 동기들과 매점에서 잠깐의 담소를 나누기도 합니다!

17:00 **각종 요구자료 작성**
타부서에서 요청한 자료나 국회 혹은 정부에서 요구한 자료를 작성합니다. 공사의 국적선 현황부터 특정 기간의 수송비에 대한 자료까지 주제에 맞는 자료 작성 방법을 배우고 실제로 작성해보고 있습니다.

퇴근 후 **문화 아카데미 참석**
지난 6월에는 공사 인재육성부에서 주관한 커피 바리스타 수업을 들었습니다! 좋아하는 커피를 직접 내려보고 맛을 조절하는 방법을 배울 수 있어 유익했습니다. 퇴근 후 시간을 알차게 보냈다는 뿌듯함까지 얻을 수 있었어요 :) 최근에는 동기들과 함께 스피닝 동아리에 가입했습니다~

(출처: 한국가스공사 네이버 포스트)[13]

(4) 협업과 개인의 평판 관리가 중요하다

앞의 사례에서 또 하나 주목할 점은 개인의 모든 업무가 부서의 다른 직원 또는 타 부서의 업무와 관련되어 있다는 것이다. 예를 들면 'LNG 통관 처리를 하고 나면 우리 수송부에서 수송비 지급 전표를 작성합니다'인데 통관 처리를 하는 부서에서 업무가 늦어지면 전표 작성 업무도 늦어질 것이다. 이처럼 직원들이 하는 업무들은 프로세스를 따라서 해야할 때가 많고 다음 업무의 진행을 위해 빠르게 또 시간을 맞추어 처리해야 한다. 즉 여러 관련자와의 협업이 많고 직원들은 상사나 동료는 물론 협업 관련자와의 관계와 평판 유지에 신경써야 한다. 프로세스가 형편없거나 시스템이 나빠서 일을 못 하는 것이라도 타 부서 관계자들이 볼 때는 "왜 저런 걸 못 하고 그래?"라며 그냥 그 직원이 일을 못 하는 것으로 생각하기 쉽다.

●●●●●
(5) 제품 수용 과정에 저항 단계가 있다

우리가 소비자로서 제품을 수용하는 과정은 다음 그림과 같다. 신제품 수용 과정이라고 잘 알려져 있다. 인지aware - 관심interest - 평가evaluation - 시연trial - 수용adoption의 5단계로 발생하는 심리적 과정으로 일종의 낯가림이다.

이 단계를 모바일 앱에 적용하면 다음과 같은 퍼널Funnel 분석이 가능하다. 사용자 경험 전문가는 각 단계에서 사용자를 놓치지 않기 위해 무엇을 해야 하는지 고민한다. 예를 들어 최근에 사용자 등록을 할 때 비밀번호를 두 번 입력하게 하던 것을 한 번으로 줄이는 추세인데 이는 고객 이탈을 최대한 막기 위한 것이다.

제품 수용 5단계 과정

고객 이탈 퍼널 분석 사례

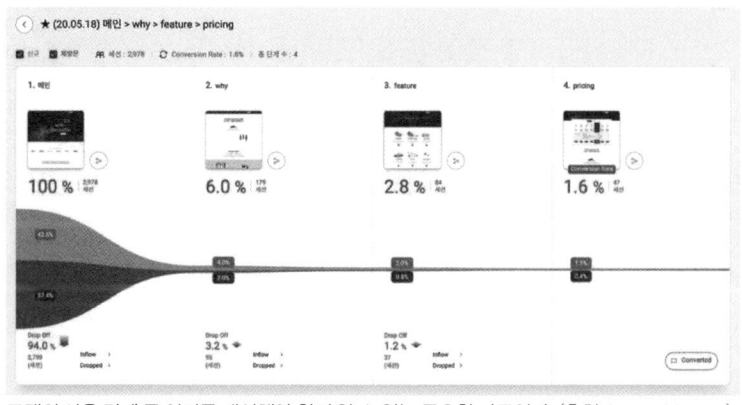

고객의 사용 단계 중 어디를 개선해야 할지 알 수 있는 중요한 자료이다. (출처: beusable.net)

반면 직원의 업무용 소프트웨어에 대한 제품 수용 과정은 다음 그림에서 보듯이 다르다. 인지 과정은 동일하지만 본인이 스스로 인지한 것이 아니므로 '일단' 저항resistance을 하고 한번 써본 후에 업무 생산성에 도움이 되는지를 파악하는 과정이 추가된다. 우리는

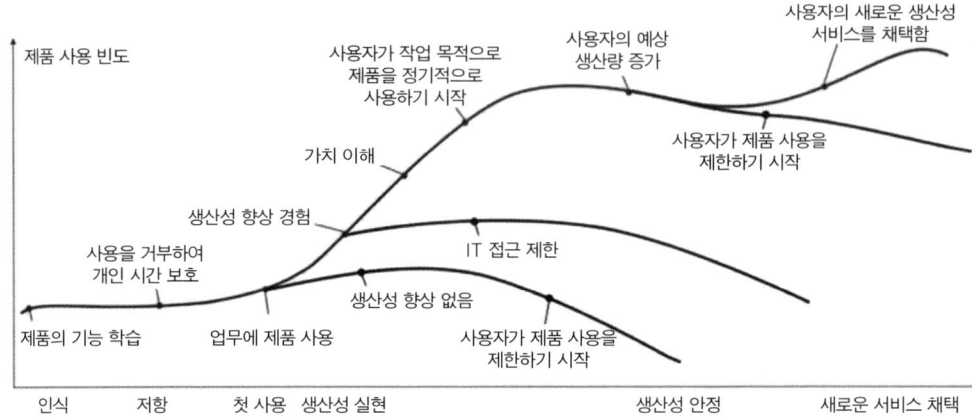

인식aware-저항resistence-첫 사용first use-사용use (출처: Sam Ladner, Enterprise UX 2016)

직원으로서 제품 수용에 훨씬 보수적이다. 새로운 것을 배우는 과정이 어렵거나 귀찮고 현재 사용하는 제품에 이미 익숙하기 때문이다. 이 단계에서 IT 부서가 보안상의 이유 등을 들며 개입하여 제품을 사용하지 못하게 할 때도 있다. 업무 생산성에 확신이 생기면 본격적으로 사용되기 시작하고 동료들에게 전파된다. 서비스를 탈퇴하는 과정 또한 다르다. 소비재 제품은 개인의 결정으로 더는 방문하지 않거나 잊히는 것과 비교해 업무용 제품은 일단 사용되면 다른 대안이 생길 때까지 계속 사용된다.

가장 중요한 점은 소비재 제품과 달리 저항 단계가 있다는 것이다. 직원이 구매자가 아닌데다가 구매부서의 영향력이 강해서이기도 하다. 이 저항 단계를 부드럽게 넘어갈 수 있는가가 사용자 경험 전문가가 가장 신경 써야 하는 부분이다. 그렇지 않으면 돈 들여서 구매했는데 사용자들이 싫어한다는 피드백을 받게 된다. 소프트웨어를 판 회사에서는 영업부서는 잘했으나 사용자 경험이 좋지 않아서 문제라는 지적을 받게 된다. 사용자에게 제품을 바꾼다는 것은 원천적으로 귀찮은 것이기 때문에 상당히 불리한 여건임이 분명하다.

더구나 B2B 제품을 판매하는 곳은 직원들의 나쁜 피드백이 쌓이면 구매결정자가 알게 된다. 이런 일이 한번 생기면 다시 되돌리기는 거의 불가능하다. 그래서 재판매 기회가 없어지고 SI 과제에서는 다음 프로젝트 수주 기회를 놓치게 된다. 그래서 사용자 경험 전문가는 기존 제품의 직원 경험을 면밀하게 살펴보고 각 단계의 문제점을 최대한 해결하여 유의하게 더 좋은 경험을 제공해야 한다. 즉 더 좋다고 말하는 직원이 더 나빠졌다고 말하는 직원보다 많아야 한다.

●●●●●
(6) 사용자 간의 숙련도 차이가 크다

소비재 제품에서도 처음 사용하는 사용자와 자주 사용하는 사용자를 모두 고려해야 한다. 소비재 제품에서 자주 사용하는 사용자의 구분은 하루에 사용하는 빈도이다. 예로 T맵 서비스의 전문 사용자는 택배를 직업으로 하는 분들이었다. 그래봤자 하루 사용 빈도는 10~20회이다. 하지만 업무용 제품에서 전문 사용자는 그 빈도와 사용 경험의 차이가 훨씬 벌어진다. 10년째 해당 업무를 하는 전문가도 있고 1~2초에 하나씩 업무를 처리해야 하는 전문가도 있다. 그들은 학습이 완료되어 있고 극도의 업무 생산성을 추구하고 회사 내에서 영향력도 매우 크다.

인지심리학에서는 숙련도를 크게 스킬skill 수준, 규칙rule 수준, 지식knowledge 수준으로 나눈다. 우리가 앱을 처음 깔고 여러 가지 고민을 하면서 사용하는 단계가 지식 수준이다. 여러 번 사용하고 나서 원하는 과제를 위해 화면의 어떤 버튼을 누르면 되는지 알게 되어 쉽게 과제를 수행하는 단계가 규칙 수준이다. 우리가 자전거를 타는 것처럼 고민 없이 매우 빠르게 과제를 수행하는 것이 스킬 수준이다. 일반적으로 소비재 제품에서는 스킬 수준의 사용자는 거의 없어서 사용자 경험 디자인에 특별히 고려하지 않아도 된다. 하지만 업무용 제품에서는 전문 사용자들을 반드시 고려해야 한다.

피에르 레비Pierre Levy는 1999년에 출간한 저서 『집단지성Collective Intelligence』에서 집단지성의 개념을 정리하였고 꽤 많은 화두를 만들었다. 집단지성을 짧게 설명하면 "모든 것을 아는 사람은 없으나 모두 조금씩은 알고 있다No one knows everything, but everyone knows something." 이다. 업무용 제품에서 사용자들은 자신의 업무에 관련된 것은 잘 알고 있으나 관련이 없는 것에 대해서는 관심이 없다. 소비재 제품처럼 재미 삼아 이것저것 해보지 않기 때문이다. 그저 사용하는 기능만 계속 사용한다. 이런 이유로 사용자 리서치가 일부 사용자들을 대상으로 진행되었을 때의 위험은 아주 크다. 그래서 연관된 모든 부서를 파악하고 부서 업무를 대표하는 모든 직원을 대상으로 리서치가 진행되어야 한다.

직원이라는 사용자의 특징을 결론적으로 정리해보자. 우리는 직원으로서 '주어진 업무를 효율적으로 완수하기'를 원한다. 참고로

고객 경험과 직원 경험의 공통점과 차이점

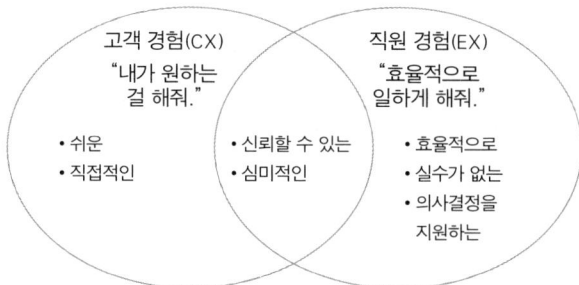

우리는 소비재 제품에서는 원하는 것을 쉽게 달성하길 원하지만 업무용 소프트웨어에서는 효율적으로 일하기를 바란다.

우리는 고객으로서 원하는 것을 쉽게 달성하기를 원한다. 복잡한 여러 업무를 회사가 구매한 제품으로 반복적으로 수행해야 하고 그 과정에서 회사 내의 평판에 신경을 쓴다. 업무 숙달성이 내 전문성이며 새로운 제품을 쓰는 것은 업무 생산성 측면에서 보수적으로 접근한다.

4
직원 경험 과제의 특징은 무엇인가

지금까지 고객 경험 관점이 디지털 트랜스포메이션 과제에 충분하지 않다고 말했다. 디지털 트랜스포메이션 과제는 고객은 물론 직원 경험과 시스템을 모두 고려해야 한다는 것이다. 여기서는 디지털 트랜스포메이션 과제 중 일부인 직원 경험 과제가 고객 경험과 어떤 차이가 있는지를 소개하겠다. 직원이 업무에 사용하는 소프트웨어, 웹사이트, 모바일 앱, 솔루션 또는 장비의 기획 등이 해당된다. 엔터프라이즈 사용자 경험 또는 직원 경험으로 알려져 있다.

직원 경험 과제의 모델

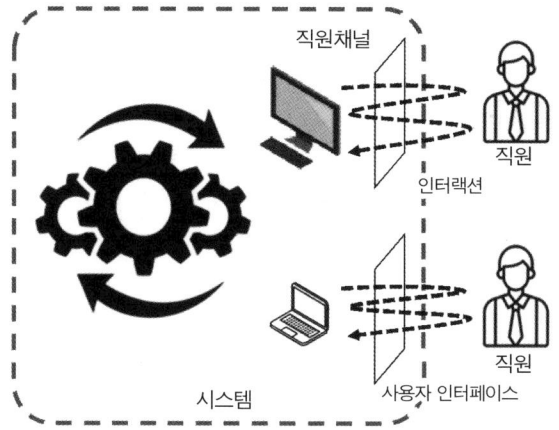

62쪽 디지털 트랜스포메이션 사용자 경험 모델의 오른쪽

●●●●●●
(1) 탐정처럼 하나하나 추리해가야 한다

「셜록 홈스」와 같은 탐정 영화들을 보면 사건 수사가 시작된 후에 탐정이 사람들의 사진과 신문 기사, 관련 자료, 지도와 노트를 벽에 붙여두고서 사람들 간의 관계나 사건을 추리하는 장면이 자주 나온다. 직원 경험 과제는 해당 직원의 업무를 전혀 모르기 때문에 과제 초기에는 정말 아무것도 모르는 상태에서 시작된다. 대부분 고객 경험 과제에서는 고객과 상품에 대해 어느 정도 알고 있는 상태에서 시작되는 것과 매우 다르다. 직원들은 미리 알 수 없는 복잡한 업무 절차를 따르고 있고 여러 소프트웨어와 시스템을 사용하고 다른 사람들과 협업하고 있다. 그래서 과제를 진행하다 보면 저 사람은 왜 관련되는지, 왜 이런 절차를 거치는지, 왜 이 소프트웨어를

사용할 수밖에 없는지를 파악하게 된다.

그러다 보니 디지털 트랜스포메이션 과제는 해당 분야와 업무를 잘 알고 있는 컨설턴트들이 잘하는 분야였다. 그러나 관련된 이해 당사자가 파악되고 업무와 목표가 무엇인지를 알고 나면 그 이후의 과제 수행은 고객 경험 과제와 크게 다르지 않다. 오히려 빠르게 업무 도메인을 파악하는 역량을 가진 사용자 경험 전문가가 더 좋은 성과를 보이는 경우를 많이 보았다. 특히 사용자 경험 기획까지 해야 하는 경우는 더욱 그렇다.

● ● ● ● ●
(2) 테크놀러지에 대한 이해가 필요하다

삼성전자 베트남 공장에는 직원 통근버스가 수백 대(2017년 기준 820대)가 있고 이를 관리하기 위해 버스마다 위치 추적 장치GPS가 붙어 있고 관리하는 업무 시스템이 있다. 정해진 경로를 벗어나거나 다른 버스 대비 속도가 현저히 느려지지 않는지 모니터링하며 주행거리를 계산해서 주유량과 잘 맞는지도 살펴본다. 주유된 기름을 빼돌리는 것을 막기 위해 만든 기능이라고 한다. '뭐 이렇게까지?'라고 생각할 수 있다. 하지만 이 기능을 통해서 절약되는 기름의 양이 상당하다고 하니 그 필요성이 인정된다.

화두가 되는 빅데이터, 인공지능, 사물인터넷, 로봇 등의 기술은 소비재 제품보다는 기업용 업무 시스템에 더 빠르게 적용된다. 실제로 이세돌 9단과 바둑을 두어서 유명해진 구글 딥마인드가 사용하는 딥러닝은 제조 현장에서 불량품을 줄이기 위한 프로젝트로 구글과 마이크로소프트의 인공지능 전문가들이 진행하고 있다. 아마존과 쿠팡은 로봇을 활용하여 물류 창고를 무인화했으며 크로거는 식료품 매장에서 계산을 기다리는 줄이 길어지는 것을 감지하는 머신비전 카메라를 활용하고 있다. 이런 사례는 최근 너무나 많다. 즉 직원 경험 과제는 신기술이 적용된 경우가 많다. 반면에 고객 경험 과제는 신기술이 충분히 단순해지지 않으면 적용되지 않는다.

또한 직원들의 업무 자체가 테크놀로지에 대한 것인 경우도 많다. 데이터 센터의 서버 성능을 관리하기 위한 업무 시스템이나 반도체 공장의 생산관리 업무를 위한 소프트웨어 등은 그 자체로서 기술에 대한 이해가 필요하다. 즉 직원 경험 과제는 테크놀로지에 대한 이해가 필요하다. 분야에 따라서 컴퓨터공학이나 물리, 화학, 기계공학, 생명공학 등의 전공자들이 유리한 경우도 많다.

●●●●●
(3) 모든 기능이 지원되어야 한다

애플의 iOS 디자인 가이드라인에는 80:20 법칙이 있다.[14] 파레토 법칙이 사용자 경험에 적용된 것으로 80%의 사용자들은 20%의 기능만 사용한다는 것이다. 사용자들이 거의 쓰지 않을 기능을 만드는 데 시간을 많이 소모하지 말라는 것이다. 실제로 삼성폰에는 있지만 아이폰에는 없는 기능이 꽤 있다.

하지만 이 법칙은 직원 경험 과제에는 적용하면 안 된다. 직원용 업무 시스템은 직원들이 수행하는 업무를 지원하기 위해서 만들어졌기 때문이다. 회사마다 독특한 업무 수행 방식이 있어서 업무 시스템은 여기에 맞추어야 한다. 업력이 높은 회사에서 만든 소프트웨어일수록 많은 기능이 있고 고객사가 원하는 특정 기능이 없는 경우 상품 경쟁력이 떨어진다. 그래서 직원 경험 과제는 기능을 제외하여 심플한 경험을 기획하는 것이 아니라 수많은 기능을 잘 정리하고 앞으로 추가될 기능을 대비한 사용자 경험 구조를 만들어야 한다.

●●●●●
⑷ 사용자군 파악을 위해 리서치가 꼭 필요하다

거의 모든 소비재 제품의 고객 경험 과제는 어떤 사용자들이 상품을 사용하고 있고 어떤 특성이 있는지를 대략이라도 알고 시작한다. 그래서 우리는 사용자군을 고려하여 리서치 계획을 세운다. 혹시나 리서치 과정에서 새로운 사용자군을 발견하면 얼마나 중요한지를 논의하고 그에 맞는 사용자 경험을 기획한다. 물론 이 경우 과제는 대부분 잘 끝나게 된다. 그동안 몰랐던 것을 알게 되었으니까. 그러나 대부분의 직원 경험 과제는 사용자가 누구인지, 어떤 사람들인지, 어떤 역할을 하는지에 대해 리서치를 하면서 파악해야 한다. 과제를 시작할 때 만나는 사람들도 사용자들에 대해 모르는 경우가 대부분이기 때문이다. 그래서 마치 탐정이 수사하다가 새로운 인물을 만나면서 그동안 추리해온 해석이 전부 달라지는 것과 같은 일이 생긴다.

그래서 직원 경험 과제에서 리서치는 제대로 된 사용자를 만나기 위한 노력이 추가된다. 한 사용자를 만나서 그 사람의 업무 환경, 협업 구조, 언제·왜 업무 시스템을 쓰는지에 대한 상황을 들으면서 어떤 다른 사용자들이 있는지를 파악해야 하는 것이다. 마치 재판에서 결정적인 증언을 하는 새로운 증인을 만나는 것처럼 새롭게 알게 된 다른 사용자는 완전히 다른 관점을 제공하기도 한다.

(5) 초보자부터 전문가까지 모두 고려해야 한다

사용자들의 수준은 처음 사용하는 초보자부터 오랫동안 사용하면서 사용법을 터득한 전문가까지 다양하다. 그래서 시장에 처음 내놓는 앱들은 초보 사용자에 초점을 맞추어야 한다. 또한 가끔 사용하기 때문에 사용법이 학습되지 않는 정부 서비스와 같은 웹사이트도 초보 사용자에 초점을 두어야 한다. 하지만 아직도 대부분의 정부 사이트는 전문성이 높은 공무원을 위해 만든 것처럼 보인다. 초보 사용자를 고려한다는 것은 익숙한 조작법, 아이콘, 인터페이스 오브젝트를 사용하는 것과 정확한 은유, 친절한 설명과 위저드 제공 등으로 학습용이성을 최대한 높이는 것이다.

반면 전문 사용자를 고려한다는 것은 키보드 단축기와 같은 효율적인 사용법, 일관적인 사용법, 모든 정보를 한 화면에 보여주기, 원하는 대로 바꿀 수 있는 개인화 지원 등으로 효율성을 최대한 높이는 것이다. 모든 직원용 소프트웨어는 전문 사용자도 고려해야 한다. 그들은 이 소프트웨어를 사용함으로써 주어진 업무 시간에 해야 할 일을 최대한 효율적으로 달성할 수 있기를 원한다. 더불어 직원용 소프트웨어에서 학습용이성을 무시하면 안 된다. 이는 바로 훈련 비용으로 연결된다. 가령 이직률이 엄청 높은 콜센터처럼 직원이 자주 바뀌거나 신입사원이 해야 하는 업무이거나 컴퓨터 활용 역량이 부족한 직원을 채용했을 때는 빠른 학습이 비용 절감으로 연결된다.

직원 경험을 고려한다는 것은 초보자 직원부터 전문가 직원까지 모두 고려한다는 것이다. 내 경험에 의하면 키보드 숏컷의 제공과 의사결정에 도움이 되는 정보 시각화가 간과되는 경우를 자주 보았다. 그렇다고 고객이 사용하는 제품 중에는 전문 사용자까지 고려해야 하는 상품이 없다는 것은 아니다. 우리가 오랫동안 사용해왔으며 자주 사용하는 소프트웨어들은 전문가 수준에 맞는 경험도 고려해야 한다. 예를 들면 마이크로소프트 오피스, 인터넷 브라우저, 메신저 정도일 것이다.

●●●●●

(6) 각자 부분을 알지만 전체를 아는 사람은 없다

"모두 부분적으로 알고 있다. 전체를 아는 사람은 아무도 없다."
미국 메이저리그 감독인 더스티 베이커Dusty Baker가 한 말이다. 부분적인 정보를 잘 조합해서 전체를 해석할 수 있게 되면 새로운 관점을 가지게 된다는 의미이다. 직원들은 회사에서 자기 업무만 하다 보니 전체를 알 수도 없으며 실은 관심도 없다. 그러다 보니 우리가 직원 경험 과제를 하면서 알게 되는 것들은 모두 그 직원의 경험을 기반으로 한 것이다.

고객 경험 과제는 고객 의견VoC, voice of customer을 있는 그대로 받아들이고 반영하기 위해 노력해야 한다. 반면 직원 경험 과제는 직원들의 의견을 그대로 받아들여서는 안 된다. 그들은 자신들이 처한 상황에서 느낀 것을 말로 표현한 것이다. 여러 부분적인 정보와 사용자 의견을 종합하여 전체적으로 보는 관점을 가져야 한다. 그래야 마치 셜록 홈스처럼 그들의 의견을 해석할 수 있다. 전체적으로 각 이해당사자의 상황을 해석할 수 있는 관점을 확보해야한다. 그래야 과제에 관련된 여러 이해당사자에게 새로운 해석을 제시할 수 있고 직원 경험을 획기적으로 향상할 기회를 얻게 된다.

●●●●●
(7) 경험디자인을 그래픽디자인으로 알고 있다

사용자 경험은 이미 널리 알려져 있다. 직원이 사용하는 업무 시스템, 웹사이트, 모바일 앱에서도 마찬가지이다. 그들도 사용자 경험 과제를 이미 몇 번 해보았다. 심지어 그 결과물에 대해 실망한 경험도 해보았다. 그들은 좋아진 게 무엇인지 모르겠다고 한다. 하지만 사용자 경험을 제대로 또는 오래 해온 회사들에서는 화면만 기획하고 디자인하는 것이 아니라 더블 다이아몬드로 설명되는 디자인 싱킹design thinking의 과정인 고객 경험의 관점으로 리서치하고 제대로 문제를 정의해서 해결하는 여러 디자인 안을 반복적으로 검증해야 함을 알고 있다. 하지만 직원 경험 과제는 담당자들이 잘 알지 못하고 제대로 된 경험 디자인의 결과물을 본 적도 없기 때문에 필요한 기간이 확보되지 않은 경우도 많다.

게다가 앞서 논의한 사항들과 한꺼번에 보자면 직원 경험 과제는 웬만한 고객 경험 과제보다 난이도가 높다. 리서치 기간도 오래 걸리고 오랜 고민이 필요하고 테크놀러지에 대한 이해도 있어야 하고 리서치 기간을 통해 파악된 사용자 불편 사항과 요구 사항을 해석하기도 더 어렵고 디자인해야 할 사용자 경험도 더 복잡하다. 이런 이유로 기존에 진행된 직원 경험 과제들은 대부분 소위 말해 색깔만 칠한다거나 사용자 인터페이스 일관성을 확보하는 수준으로 진행된 것이 사실이다. 하지만 앞에서 소개한 대로 디지털 트랜스포메이션의 강력한 추진은 직원 경험의 혁신을 바탕으로 해야 한다. 경험 관점으로 과제를 수행해야 하는 기업들이 점점 많아지고 있다. 결국 우리에게 필요한 것은 잘된 사례들이다.

●●●●●
(8) 개선된 직원 경험의 효과는 바로 측정할 수 있다

직원 경험 개선 효과는 바로 비용으로 측정할 수 있다. 직원들의 일하는 시간을 줄이면 인건비를 기반으로 바로 계산할 수 있다. 또한 고객사가 늘어난다거나 가입자 수가 늘어나는 효과도 바로 측정할 수 있다. 반면 고객 경험 과제는 판매량 증가, 가입자 증가, 매출 향상 등이 사용자 경험 개선 때문인지, 마케팅 때문인지, 시기 때문인지가 구분되지 않는다. 만약 2억 원을 들여서 3~4억 원의 효과가 나온다면 하지 않을 기업은 거의 없을 것이다.

⑼ 잘된 직원 경험은 경쟁사가 따라 하기 힘들다

고객이 사용하는 모바일 앱이나 웹은 혁신적인 경험을 제공하더라도 경쟁사가 6개월 또는 1년 후면 따라오는 단점이 있다. 서로 벤치마킹을 하기 때문이다. 그래서 국내 은행들은 경쟁사보다 기능을 먼저 출시하는 것이 가장 중요하다고 한다. 먼저 출시한 기능을 언론을 통해 홍보하여 마케팅 효과를 누리려는 의도로 보인다. 잘된 직원 경험의 가장 큰 강점은 다른 회사, 즉 경쟁사 사람들이 사용할 수 없을 만큼 쉽게 파악하기도 어렵고 많은 시스템의 변화를 따라 하기가 불가능한 경우도 많다. 회사마다 채택한 시스템이나 솔루션이 아주 다르기 때문이다.

5
왜 컨슈머라이제이션이 중요한가

기능만 제공하면 직원들이 알아서 사용하던 경험이 아니라 소비재 상품의 경험처럼 '쉽고 빠르고 정확하게' 업무를 수행하도록 지원하는 경험을 제공하면서 최근 직원 경험에 대한 관심이 확산되고 있다. 컨슈머라이제이션consumerization은 이렇게 기대 수준이 높아진 직원 경험을 지칭하는 단어이다. 구글 스위트는 업무용 메일의 경험을 소비재 상품의 수준으로 높임으로써 시장점유율을 높여왔다(2021년 비즈니스 이메일 시장점유율 34%).[15] 기업용 이메일 서버 세팅, 계정 만들기, 비밀번호 바꾸기 등의 사용 방식이 기존 서버 방식의 서비스에 비하면 상당히 편리해졌다.

컨슈머라이제이션의 다른 대표 사례로는 슬랙Slack, 비즈니스용 구글 G스위트, 드롭박스, 줌 미팅, 아사나 등이 있다. 이들은 수준이 다른 경험을 제공하여 비즈니스 앱의 전통적 강자들을 빠르게 잠식

하고 있다(기존 강자들은 백엔드 시스템 장악력으로 버티고 있으나 속수무책으로 당하고 있다. 그래서 그들도 사용자 경험 조직을 만들고 있다).

기업용 소프트웨어 시장에서 잘된 사례는 업무용으로 회사에서만 사용하기 때문에 주변에서 쉽게 찾기 힘들다. 하지만 약간만 시야를 넓히면 기업용 사용자 경험 사례를 쉽게 찾을 수 있다. 병원에서 접수나 수납 시 직원이 사용하는 소프트웨어, 패스트푸드점에서 직원이 사용하는 단말기, 카카오택시 서비스의 기사용 모바일 앱, 카드사 고객센터에서 사용하는 소프트웨어, 보험 직원들이 태블릿 PC에서 사용하는 전용 프로그램, 골프장에서 캐디가 사용하는 태블릿 등이 그것이다. 또한 잠시만 기억을 더듬어보면 직원들이 소프트웨어를 잘못 사용하거나 능숙하지 못해서 느꼈던 불편함을 생각할 수 있을 것이다. 잘된 직원 경험 기획으로 고객이 느끼는 대부분의 불편함은 해결될 수 있고 기업의 업무 생산성을 높여서 큰 이익으로 연결된다. 그래서 IBM, 세일즈포스, SAP가 사용자 경험 전문가를 많이 채용하고 있으며 유명한 컨설팅 업체들이 사용자 경험 디자인 회사를 인수했다.

실제로 직원들의 업무 경험이 좋아지면 바로 업무 생산성으로 연결된다. 또한 이 점을 직원들도 깨닫기 시작하면서 업무를 효율적으로 정확하게 수행하는 것을 돕는 시스템 또는 앱을 원한다. 이런 경향은 다음의 세 가지 요인으로 급속히 확대되고 있다.

● ● ● ● ●
(1) 직원 사용자 경험 기대치가 높아졌다

　모바일 환경에서 사용자 경험은 PC 환경보다 훨씬 중요하다. 표현할 수 있는 정보가 한정된 작은 화면의 한계를 고려해야 한다. 모바일에서 여러 번 클릭하게 되면 매우 혼란스러워지니 빠르게 수행되어야 한다. 또 휴대폰으로 보고 싶을 만큼 시급하고 중요한 데이터를 보여주어야 한다. 이미 직원들은 심각하게 잘못된 모바일 경험을 해보았다. 이런 경험이 본인의 업무 생산성을 얼마나 떨어뜨리고 실수하게 하는지 알고 있다.

　아이폰 출시 이후 모바일 앱이 널리 사용되면서 모바일 사용자 경험은 많은 발전을 이루었다. 거의 모든 회사가 사용자 경험에 관심을 가지게 되었다. 즉 전반적인 사용자 경험 수준이 매우 높아진 것이다. 이런 높아진 사용자 경험에 대한 기대 수준은 모바일 업무 시스템뿐만 아니라 PC 업무 시스템의 사용자 경험 기대 수준도 높여왔다. 게다가 얼마 전까지만 해도 직원들은 업무는 PC에서 수행하고 개인적인 것은 모바일에서 수행했다. 하지만 이제는 많은 업무를 모바일에서 수행하게 되었다.

● ● ● ● ●
(2) 팬데믹으로 재택근무와 원격 협업이 도입됐다

　팬데믹이 바꾼 많은 것 중에 재택근무와 원격 협업이 있다. 회의는 웹 콘퍼런스로 하고, 협업 워크숍은 공유 보드 서비스를 활용하고, 산출물 공유는 클라우드 서비스를 활용하게 되었다. 기존 업무 시스템들이 클라우드화되었고 모바일 앱이 만들어졌다. 실제로 재택근무와 원격 협업으로 직원들이 회사에서 사용하는 업무 시스템의 숫자가 많이 늘어났다. 이 과정에서 직원 경험은 아주 중요한 요인으로 인식되기 시작했다.

회사에서 임원진과 웹 컨퍼런스로 진행하는 회의를 해보았으면 알 것이다. 갑자기 발표 자료를 띄워야 한다거나 소리가 들리지 않아서 설정을 변경해야 하는 상황이 생기기 때문이다. 당황해서 빠르게 대처하지 못하면 마치 업무 역량이 떨어지는 것처럼 보여 평판을 걱정하게 된다. 그리고 디지털에 익숙하지 않은 나이 많은 직원들은 새로운 업무 시스템의 활용이 더디기만 하다. 실제로 나이가 많은 축에 드는 상당수의 임원진이 스스로 업무 시스템을 사용하지 못해서 주변 사람들의 도움을 받기도 한다.

●●●●●
(3) 업무 생산성 향상에 대한 압박이 강하다

10여 년 전과 비교해 요즘은 경영진이 업무 생산성 향상을 강하게 요구한다. 예전 같으면 사람 한두 명 더 뽑아서 했을 업무를 이제는 외부 서비스 업체를 활용하거나 웹 서비스를 이용하거나 소프트웨어를 구매해서 해결할 수 있기 때문이다. 또한 우리나라가 선진국이 되면서 임금은 지속적으로 올랐지만 주 52시간 근무제와 같이 근무시간은 점점 줄어들고 있다. 즉 10명이 하던 일을 7명 또는 8명이 하지 않으면 시장경쟁력이 낮아지기 때문에 업무 생산성을 강하게 요구할 수밖에 없다.

이를 위해 여러 회사에서 야근을 못 하게 하거나 미팅 시간을 1시간 이내로 제한하거나 주간보고를 없애거나 전자결재를 도입하거나 업무 관리 툴을 사용하거나 반복적인 업무는 자동화하거나 정확한 의사결정을 위해 데이터를 모아서 시각화하는 활동이 진행 중이다. 이 중에서 전자결재, 업무 관리 툴 사용, 반복 업무의 자동화, 데이터 시각화 등은 대표적인 디지털 트랜스포메이션 과제의 유형이다. 실제로 대부분의 디지털 트랜스포메이션 과제는 업무 생산성을 높이는 과제이다. 실무자는 쉽고 빠르고 정확하게 일할 수 있도록 하며 경영진은 정확하게 의사결정을 하고 미래를 예측하는 것을 목표로 한다.

마지막으로 직원 경험에 대한 중요성을 말해주는 하나의 사례를 소개하고 싶다. 2015년 샌프란시스코에서 개최된 기업 사용자 경험 학회에서 미국의 한 은행 사용자 경험 매니저와 대화를 나누었다. 그의 사용자 경험 디자인팀에는 30명 정도가 일하고 있고 계속 채용하고 있다고 했다. 은행에서 어떤 사용자 경험 업무를 하기에 조직에 디자이너들이 이렇게 많은지 물었다. 그럴 수밖에 없었던 게 그 당시 우리나라 은행에서는 두세 명의 사용자 경험 전문가를 채용해서 고객이 사용하는 모바일 앱을 개편하는 업무만 하고 있었기 때문이었다.

그 은행의 사용자 경험팀은 직원들이 사용하는 소프트웨어를 디자인하고 있다고 했다. 최근에는 직원들이 사무실을 떠나서도 업무를 볼 수 있는 모바일 과제가 많다고 했다. 한국에서는 직원들이 사용하는 소프트웨어는 대부분 외주 개발사가 들어와서 개발한다고 말했다. 그러자 그는 직원들이 사용하는 업무용 소프트웨어와 시스템을 내부에서 직접 기획하고 개발한다고 하면서 이렇게 말했다.

"은행의 경쟁력은 은행이 고객에게 판매하는 상품에 있었지만 최근에 그 차이가 미미해졌어요. 대신 직원들이 얼마나 효율적으로 일하는지가 은행의 경쟁력에 크게 영향을 미치고 있어요. 이게 회사 경영진의 관점이죠."

정리

- 직원이 일하는 방식을 바꿔온 디지털 트랜스포메이션은 예전부터 계속 추진되어온 활동이다. 잘 기획된 기업용 소프트웨어의 사용자 경험은 직원들의 실수를 막고 업무 생산성을 향상하고 좋은 고객 서비스로 이어진다.
- 아직도 많은 업무용 시스템은 사용자 경험 전문가와 함께 만들어지지 않아서 기능은 제공하나 기본 사용성을 지키지 않고 효율적이지 않으며 학습이 어렵고 연동이 고려되지 않으며 추후 기능 추가가 어려운 구조를 가지고 있다.
- 직원으로 일할 때의 사용자와 소비재 제품을 사용하는 사용자는 매우 다르다. 소비재 제품은 목표하는 것을 쉽고 빠르게 달성하기를 원하고 업무용 시스템은 복잡한 업무를 실수 없이 효율적으로 처리하기를 원한다.
- 컨슈머라이제이션은 직원의 업무 시스템의 기대 수준을 상당히 높였다. 이에 성공한 상품들이 시장에서 크게 점유율을 높이고 있다.
- 직원 경험을 제대로 기획하는 것은 고객 경험보다 더 어렵다. 직원, 그들의 업무, 사용되는 테크놀러지를 이해해야 하며 초보자부터 전문 사용자까지 지원해야 한다. 하지만 달성했을 때의 효과는 매우 크다.

4장
왜 디지털 트랜스포메이션에서
총체적 경험 관점을 가져야 하는가

1
고객과 직원을 모두 고려하는 총체적 경험이 중요하다

지금까지 사용자 경험 중심으로 디지털 트랜스포메이션이 추진되어야 한다고 주장했다. 이렇게 총체적이며 통합적인 경험 관점으로 문제를 해결한 가장 대표적인 사례로 미국의 외식업체인 파네라가 있다.

파네라는 2010년에 사용자가 직접 주문할 수 있는 키오스크를 도입했다. 이 키오스크는 다음의 그림처럼 고객이 키오스크를 통해 주문할 음식을 스스로 선택한다. 또한 여러 옵션을 선택할 수 있다. 하지만 앞서 소개했던 맥도날드 사례처럼 파네라도 키오스크 도입 이후 점심시간처럼 많은 사람이 한꺼번에 식당에 와서 음식을 주문하면 음식을 처리하는 시간이 더 길어져서 매장이 매우 혼잡스러운 상태인 모시 핏 문제를 겪게 되었다. 파넬라의 CEO 로널드 셰이크는 직원들이 직접 주방에서 주문 처리 과정에 참여하도록 해 문제

파네라의 키오스크 도입

파네라는 키오스크 도입 후 주방 업무 처리 혁신을 통해 서비스 품질 향상은 물론 비즈니스 확대에 성공했다.

를 해결했다.

그는 우선 주문 처리 시간을 '고객이 음식을 주문하는 시간'이 아니라 '고객이 매장 방문 후 음식을 가지고 떠나는 시간'으로 확장해서 생각했다. 미국은 우리나라보다 상대적으로 짧은 점심시간에 매장까지 차를 타고 와서 음식을 주문해야 하기에 이렇게 정의하는 것이 더 중요하다. 그래서 실제로 주문 처리 때 문제점들을 찾는 것으로 관점을 확장했고 다음과 같은 해결책을 내놓았다.

- 키오스크 사용성 개선
- 메뉴 줄이기(고객들이 많이 찾는 레시피 위주로 400개에서 100개로 축소)
- 주방에서 만들어야 하는 메뉴의 사진과 레시피 보여주기(주문 실수 방지)
- 음식 조리 과정을 분업화해서 속도를 높이기
- 그 외 수백 가지의 작은 것들

그 결과 조리 시간은 주문 접수 후 8분에서 1분으로 줄었고 고객이 주문하고 음식을 받는 시간이 30분에서 수 분으로 줄어들었다. 또한 매장 직원들의 업무 생산성이 올라간 만큼 기존에 주문받던 직원들은 업무가 줄어들어 남는 인력이 되었다. 이 직원들을 매장 내 고객의 요청을 처리하는 홀 서비스 인력으로 변경 배치했다. 고객의 매장 이용 경험이 개선됐다. 또 주문 처리 능력이 올라가면서 온라인 배달 서비스를 시작할 수 있게 되어 매출이 향상되었다고 한다.[16]

반대로 총체적 경험을 고려하지 못해서 실패한 디지털 트랜스포메이션 사례는 많이 있다. 파네라 사례가 이미 알려져 있음에도 불구하고 맥도날드는 새롭게 도입한 주문 키오스크로 인해 점심시간에 주문이 몰려서 대기 시간이 길어지고 매장에 손님이 들어차는 모시 핏 문제를 겪고 있다.

한 전자 회사는 홈페이지에서 냉장고, 세탁기, TV 등을 직접 판매하기 위해 상당히 큰 비용을 들여 홈페이지를 전면 개편했다. 그러나 오픈 후 고객은 고작 액세서리 상품 정도만 구매하고 있다. 몇 년에 한 번 구매하는 비싼 제품을 사는 고객 입장에서는 오프라인 매장이 더 친절하고 사은품도 주고 제품 구매를 위한 의사결정에 필요한 정보가 더 투명하게 제공되기 때문이다. 또 한 통신사는 인공지능을 활용한 생활밀착형 서비스를 출시하겠다고 했으나 막상 제공된 서비스는 어떤 음악을 들을지, 어떤 영화를 볼지를 도와주는 수준이어서 고객에게 차별화된 경험을 제공하지 못했다.

한 골프장은 키오스크를 도입함으로써 고객 커뮤니케이션 채널을 확보하여 더 높은 수준의 고객 경험을 제공하면서 인건비가 줄어들기를 바랐다. 그러나 고객들은 키오스크를 잘 사용하지 않고 직원들은 여전히 바쁘게 일하고 있다. 심지어 키오스크 옆에도 직원이 서 있을 정도였다.

어떤 제조회사는 전사 데이터를 모아서 체계적으로 관리하고 업무에 도움이 되는 활용 포인트를 찾는 것을 목표로 추진하였다. 하지만 추진팀은 3년 동안 데이터만 모으고 제대로 활용하는 것은 등한시하며 비용만 사용하다가 해체되었다. 기술만 내세우며 마켓플레이스를 개발하기도 한다. 가령 NFT 기술만 가지고 NFT 마켓플레이스를 개발하는 것처럼 말이다.

그리고 고객을 어떻게 모으고 계속 방문하게 할지에 대한 기획도 없이 인터넷 쇼핑몰을 개발 중인 과제들도 계속 나타나고 있다. 이밖에도 수없이 많은 디지털 트랜스포메이션 과제들이 실패했고 지금도 실패하고 있다.

2
기술 중심 디지털 트랜스포메이션에는 한계가 있다

이전에는 잘되지 않던 것들이 인공지능, 데이터 분석, 사물인터넷, 클라우드, 대용량 데이터 처리와 같은 기술이 발달하면서 가능해지고 있다. 이런 신기술들의 발전과 융합을 통해 우리의 생활과 일하는 방식을 근본적으로 바꾸는 4차 산업혁명에 관해 이야기한다. 그래서인지 기업들이 디지털 트랜스포메이션을 수행할 때 신기술 도입에만 관심을 두고 구현될 기능, 서비스, 시스템을 실제로 사용하게 될 사람인 직원과 고객을 고려하지 않는 경향이 있다. 기술 중심으로 발전해온 회사들에서는 이 문제가 더 두드러진다.

기술을 맹신하는 게 때로는 위험을 일으킬 수 있다. 그 위험은 결국 사람이 개입해서 모면하기도 한다. 나는 얼마 전 무인으로 운영되는 신분당선 지하철의 고장을 경험했다. 지하철이 천천히 가다가 결국 멈추었다. 안내 방송이 나오기는 했으나 무인 시스템이기 때문에 불안한 마음이 컸다. 그러다 10분 후에 한 직원이 나타나서 수동으로 다음 역까지 운전한 후에 지하철에서 내렸다. 저 직원은 어디서 왔을까, 어떻게 이동했을까, 원래 저 업무의 담당자일까, 문제가 생기면 어떤 절차로 저 직원이 출동하는 것일까 하는 의문이 생겼었다. 만약 무인 시스템으로 운영되는 지하철에서 발생한 문제를 해결할 직원들의 업무가 정의되어 있지 않다면 큰 참사가 발생할 수도 있는 것이다.

어떤 시스템이건 서비스이건 사람이 관여하지 않는 경우는 거의 없다. 사람의 개입을 줄여 효율성을 높인다고 주장하는 완전 자동화된 물류 창고나 인공지능 에이전트를 활용한 전화 자동응답 기능 또는 머신비전을 활용한 자동 검사기 같은 것들도 실제 현장에서 제대로 운영되기 위해서는 대부분 사람의 개입이 필수적이다. 정상적인 상황에서는 잘 운영될 수 있지만 예외 상황이 발생했을 때 제대로 대처하지 못하면 큰 손해를 보거나 큰 사고로 이어질 수 있다. 시스템이 문제를 일으키는 상황이나 의사결정이 필요할 때는 결국 사람이 관여할 수밖에 없다.

사용자가 시스템을 사용하는 방식이나 동작하는 구조가 사람이 이해하기 어렵게 만들어진 경우는 의외로 많다. 예컨대 외부에서 시스템의 내부 구조를 파악할 수 없도록 블랙박스로 만들어졌을 때가 그렇다. 또한 문제가 발생했을 때 해결되기는커녕 더 커져서 큰 사고로 이어지는 사례가 역사적으로 계속 발생하고 있다. 우리가 잘 알고 있는 체르노빌 원자력 발전소 사고, 항공기 추락사고, 증권거래 시스템의 오류가 이에 해당한다. 이런 문제를 해결하기 위해 인지공학 또는 인지시스템공학이라는 분야가 생겨났다.

과거부터 새로운 기능만 넣고 실제로 쓸 사람을 고려하지 않는 실수는 계속 있었다. 1990년대 후반에 휴대전화를 써본 사람들은 다 기억하는 광고가 하나 있다. 휴대폰이 사용자의 목소리를 인식해서 전화를 걸어주는 내용이었다. 회사에서는 음성 인식이 된다고 대대적인 광고를 했고 사람들도 신기하게 생각했다. 하지만 사실 기능 자체는 거의 사용되지 않았고 지금도 잘 사용되지 않는다.

이런 실수는 수십 년이 지난 지금도 마찬가지로 발생하고 있다. 인공지능 원격진료 서비스를 개발하는 한 회사는 음성 인식 전화 자동 안내 서비스, 연락한 번호로 예약·문의용 웹페이지 링크 전송 서비스, 고객의 전화 문의 내용을 음성 인식 인공지능 엔진이 저장하고 분석해서 원격진료에 활용하는 서비스를 만들었다. 그런데 병원 진료를 원하는 고객의 마음이나 상황을 고려하지 못했고 고객의 요청에 대응해야 하는 의사와 간호사의 업무도 반영하지 않아서 아직 서비스가 확산되지 못하고 있다. 오히려 시스템 개발 과제처럼 서비스를 도입한 병원들 각각의 요구 사항을 맞춰주느라 플랫폼화하지 못하고 있는 게 현실이다.

이러한 사례처럼 기존 사업에 디지털 기술을 덧붙이기만 하는 디지털 트랜스포메이션에 대해 맥킨지는 "일하는 방식을 바꾸지 않은 채 기술만 덧붙이는 디지털 트랜스포메이션은 새로운 가치 창출이 불가능하다."라고 했다.[17] 많은 회사가 신기술을 도입했다는 기사를 내고 디지털 트랜스포메이션을 홍보하지만 정작 협업 방식과 일하는 방식은 개선하지 않고 신기술만 덧붙인다고 맥킨지는 지적했다.

고객과 직원들은 예상보다 훨씬 다양한 방식으로 서비스와 시스템을 사용하며 특히 새로운 기술에 대해 높은 기대를 하고 있다. 음성 인식 확률은 99%가 아니라 99.9%는 되어야 쓸 만하다고 느끼고 주변이 시끄러운 상황에서도 인식이 잘되기를 바란다. 데이터 분석과 인공지능에 대한 것도 마찬가지이다. 독일의 유명한 한 제조회사는 생산 자동화와 효율화를 추진하기 위해 데이터 분석과 인공지능을 활용하기로 했다. 우선 생산라인에서 발생하는 데이터를 다 모은 뒤 유명 회사의 딥러닝 전문가들과 함께 3년 정도 과제를 진행했다. 그 결과 생산 수율을 97%까지 올릴 수 있었다고 한다. 하지만 문제는 이 회사는 이미 일부 데이터와 전문가들의 분석 작업만으로, 즉 데이터와 딥러닝이 없이도 99.7%의 수율을 달성하고 있었다. 결국 데이터와 딥러닝에 대한 기대를 접기로 했다고 한다.

인공지능을 활용한 성공적인 원격진료 서비스, 전문가보다 더 높은 수율을 달성하는 생산라인은 어떻게 기획되어야 할 것인가? 이 질문은 회사의 경영진, 기획자, 엔지니어가 모두 고민해야 하는 중요한 문제이다. 성공적인 디지털 트랜스포메이션을 달성하려면 꼭 해결해야 할 문제이기 때문이다. 짧게 말하자면 원격진료 서비스는 기술이 할 수 있는 것을 하는 것이 아니라 인공지능을 활용해서 환자와 병원이 가진 어려움과 번거로움을 해결해야 한다. 예컨대 의사가 말로 한 처방을 텍스트로 전환하여 환자에게 문자로 발송하는 것처럼 말이다.

높은 수율을 달성하기 위해서는 생산라인의 전문가들이 사용하는 전략을 데이터와 함께 쓸 수 있도록 해야 한다. 결국 정답은 시스템과 서비스에 관련된 사람을 고려하는 방법밖에 없다. 우리는 이것을 '경험 기반 디지털 트랜스포메이션 기획'이라 부를 것이다.

3
경험 기반의 디지털 트랜스포메이션 기획이 필요하다

　내가 직접 겪어본 잘된 디지털 트랜스포메이션 사례로 이야기를 시작하겠다. 얼마 전에 사용하던 것보다 더 높은 사양의 컴퓨터를 사야 할 일이 생겨서 조립 컴퓨터를 구매하기로 했다. 기존 컴퓨터는 4~5년 전에 조립 컴퓨터로 구매했다. 당시 직접 부품을 골라 조립할 자신이 없어서 컴퓨터매장에서 추천하는 부품으로 구매하고 조립해서 집으로 가지고 왔다. 이번에도 매장에 가야 하나 고민하던 중에 한 웹사이트를 찾았다. 비록 사용자 인터페이스가 깔끔하지는 않았지만 판매 순위가 높은 부품을 가격과 함께 보여주고 내가 선택한 부품끼리 호환에 문제가 없는지 확인해주었다. 결제하자 메신저로 조립이 시작됨을 알려주었고 조립에 성공해서 잘 동작한다는 사진을 보내주었다. 그 뒤 바로 발송되었고 내일 도착한다고 전화가 왔다.

전문가가 아닌데 컴퓨터 조립을 해본 사람들이나 잘 모르는 분야의 복잡한 전자제품을 구매해본 사람들은 공감하는 어려움이 있다. 내가 원하는 수준의 적당한 부품을 구매한 것인지, 고른 부품들끼리 호환은 잘되는지, 구매 이후에 조립되는 과정에 문제는 없었는지, 배송은 언제쯤 시작되고 나는 언제 쓸 수 있을지 같은 것들이다. 이런 어려움을 생각해볼 때 이번 구매 과정은 매우 만족스러운 경험이었다. 여러 채널omni-channel을 적절히 활용해서 전에 겪었던 어려움을 모두 해결하고 걱정을 없앤 잘된 디지털 트랜스포메이션 사례라고 생각한다.

앞에 소개한 IBM-애플이 만든 항공기 추가 급유량 입력 앱은 항공기 조종사가 본인의 지식과 경험에 의지하던 것을 네 가지 요인으로 변경된 목적지, 지상 이동 시간, 우회 시간, 공중 대기 시간을 정의했다. 그리고 그에 맞는 시스템을 만들어서 항공기 조종사가 믿고 사용할 수 있는 경험으로 만들어냈다. 아마 IBM의 컨설턴트들과 애플의 사용자 경험 전문가들이 가장 많이 협업한 것은 네 가지 요인으로 주유량을 정할 수 있는지와 그것을 조종사들이 믿어줄 것인지였을 것이다.

반도체 회사 생산 과정에 사용하는 소프트웨어 사용자 경험 개선 사례는 공정 관리자가 하는 업무의 목적을 파악하고 그에 맞춰 직원들이 개별 소프트웨어에서 수행하던 작업을 정리한 후에 한 화면에서 체계적으로 정리한 사례이다. 이 또한 공정 관리자의 업무 절차, 내용, 의사결정을 경험 관점으로 면밀하게 살펴봄으로써 가능했다. 파네라 사례는 더 정확하다. CEO인 로널드 셰이크는 '고객이 매장 방문 후 음식을 가지고 떠나는 시간'을 줄이기 위해서 매장에서 모든 직원의 업무를 경험의 관점으로 세밀하게 바라보고 많은 디테일을 개선했다.

경험 중심의 디지털 트랜스포메이션의 기획은 두 가지다. 첫째, 무엇을 디지털 트랜스포메이션을 할 것인가What to DX이다. 둘째, 어떻게 디지털 트랜스포메이션을 할 것인가How to DX이다.

무엇을 디지털 트랜스포메이션할 것인가의 관점에서 IBM-애플 사례는 IBM이 가진 많은 업무 시스템 중에서 어떤 것을 경험 중심으로 디지털 트랜스포메이션하는 것이 효과적인지를 정확하게 정의한 사례이다. 반면 냉장고, 세탁기를 파는 온라인 쇼핑몰은 회사가 달성하고자 했던 목표를 고려해보면 디지털 트랜스포메이션 대상이 잘못 정해진 사례라고 볼 수 있다. 그리고 파네라 2.0 과제와 인터넷 컴퓨터 주문 서비스는 시스템을 경험 중심으로 분석하고 재설계함으로써 어떻게 디지털 트랜스포메이션을 해야 하는지 보여준 전형적 사례이다. 그러나 인공지능 전화 자동응답 서비스와 정보 입력 링크 제공으로 원격진료를 하겠다는 의료 서비스는 고객 경험을 면밀하게 고려하지 못한 사례로 보인다.

4
무엇을 디지털 트랜스포메이션할 것인가

한 통신회사가 개인화된 고객 경험 혁신을 목표로 홈페이지 개편을 진행했다. 그럼으로써 넷플릭스처럼 개인화된 홈페이지를 제공하여 휴대전화의 구매와 각종 서비스를 오프라인 매장보다 좋게 하려는 것이 목적이었다. 고객이 어떤 휴대폰을 써왔는지 데이터를 정리하고 로그인하지 않은 고객은 누구인지 예측하는 꽤 비싼 기술을 도입했다. 이를 바탕으로 선호하는 휴대폰을 예측하는 인공지능 엔진을 만들었고 예측된 휴대폰을 홈페이지 첫 화면에 띄워 개인화된 정보를 보여주는 개편 작업을 진행했다. 그런데 고객들이 통신사 홈페이지에 가서 휴대폰을 구매하지 않고 통신사 홈페이지에서 로그인하지도 않고 여러 휴대폰 중의 하나를 구매하는 것이 아니라 한두 모델 중에 고르거나 가격이 싼 휴대폰을 고른다는 점이 문제였다. 물론 개인맞춤 경험 제공은 궁극의 고객 경험이며 비즈니스에 매우 큰 기여를 할 것이다. 하지만 조금만 자세히 본다면 통신사 홈페이지의 개인맞춤 경험은 큰 가치를 전달하지는 못 하리라는 것을 예상할 수 있다. 반면 카드사 같은 경우는 홈페이지의 개인맞춤 경험이 큰 효과가 있다. 카드가 너무 많고 사용자마다 반복적으로 수행하는 것이 정해져 있기 때문이다.

한 화학섬유 제조회사는 쇼핑몰을 기획하였다. 아웃도어 의류 원사 시장에서 독보적인 기술력과 시장점유율을 자랑하는 훌륭한 회사이다. 원사를 구매해 가는 의류회사에서 납품을 받고 각종 마케팅을 이용해서 아웃도어 의류 쇼핑몰을 만들려는 것이었다. 이 기획안은 초기에 고객을 모으는 것은 잘될 것으로 보인다. 특히 단독입점이 가능하다면 입소문으로 꽤 많은 초기 트래픽을 만들 수 있을 듯하다. 그러나 쇼핑몰은 꾸준히 트래픽을 유지하는 것이 가장 어렵다. 그래서 많은 쇼핑몰이 쿠폰을 뿌린다. 그런데 그 기획은 전혀 되어 있지 않았다. 결국 고객 입장에서는 많은 쇼핑몰 중의 하나가 될 것이고 가끔 특가 상품이나 단독입점 상품을 구매하는 곳이 될 것이다.

디지털 트랜스포메이션의 결과물은 변화된 고객 경험과 직원 경험이다. 이 변화를 위해 시스템도 개편하고 웹사이트와 앱도 개편하는 것이다. 실패한 디지털 트랜스포메이션 과제들은 고객 경험과 직원 경험이 어떤 모습으로 구현될지 정의하고 면밀하게 고려하는 것을 하지 못한 경우가 대부분이다. 이미 세상에는 다양한 시도들이 있었고 성공한 사례와 실패한 사례가 계속 축적되고 있는데 유사한 패턴이 계속 반복되는 느낌이다.

성공적인 디지털 트랜스포메이션 기획은 '디지털 트랜스포메이션 전략 수립' 이후 목표로 하는 고객 경험과 직원 경험에 대한 선명한 이미지인 '미래 경험to-be experience'을 만드는 것에서 시작해야 한다. 이런 관점은 사용자 경험 분야에서는 고객 경험 기반 제품 기획 또는 혁신 제품 발굴로 알려져 있다. 애플의 혁신 제품이 기획되는 방법론이자 유명 사용자 경험 회사인 아이디오IDEO, 프로그디자인FrogDesign, 어댑티브패스Adpative Path, 피오르드Fjord 등이 고객 경험 혁신 사례를 만들어온 방법론이다. 고객 경험을 먼저 정의하고 그에 맞는 상품을 발굴하고 정의한다. 가장 유명한 예는 애플의 아이팟iPod이다.

애플이 상품을 개발하는 과정은 잘 알려져 있지 않지만 일경일렉트로닉스 2004년 5월 24일자에 실린 아이팟 개발 스토리를 보면 애플의 혁신 추진 과정을 볼 수 있다.[18] 이 글에서 MP3 뮤직 플레이어 시장에 진출하기 위해 가장 먼저 나온 의사결정은 소유한 모든 음악을 넣고 다닐 수 있게 대용량 하드디스크를 장착하는 것이었다. 기존에 시장을 차지하던 플래시 메모리 기반의 뮤직 플레이어는 대부분 한국 회사 제품이었는데 용량이 512메가 또는 1기가였다. 이 말은 플레이어에 넣을 수 있는 노래 수가 150~300개였다는 뜻이다. 반면 사람들이 소유한 노래는 그보다 훨씬 많기 때문에 주기적으로 플레이어의 노래를 바꿔야 했다. 음악 플레이어를 컴퓨터에 USB로 연결하여 용량에 맞추어서 새로 추가하거나 계속 들을 노래는 놔두고 삭제할 노래를 선택하는 과정은 상당히 어렵고 번거로운 과정이었다. 그러다 보니 대부분 사용자는 노래 업데이트를 한두 번만 하게 되었다.

결국 이런 경험으로 인해 이 음악 플레이어는 노래가 많이 들어

아이팟+아이튠즈

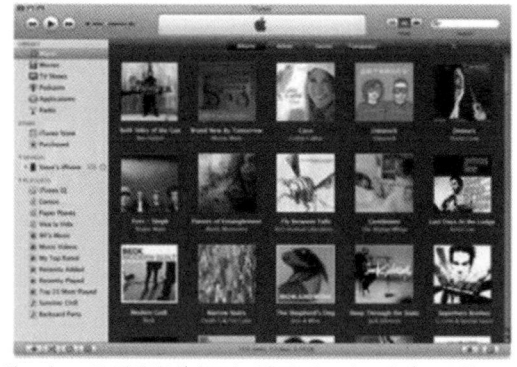

하드디스크를 채택하여(나중에 대용량 메모리로 바뀜) 소유한 모든 노래를 가지고 다닐 수 있는 제품과 새로운 노래를 쉽고 빠르게 구매할 수 있는 생태계를 제공하여 시장에서 크게 성공했다.

간 CD 플레이어의 의미가 되었다. 반면 대용량 하드디스크를 달자는 애플의 의사결정은 아이팟을 경쟁제품보다 조금 크지만 고객이 소유한 모든 노래를 담아놓은 미디어의 의미로 만들었다. 그러면서 음악을 바꾸어 넣는 일이 없어졌다. 오히려 새로운 노래를 계속 넣고 싶도록 사람들의 마음을 움직였다. 그 과정에서 아이튠즈가 탄생한다.

또한 고객이 원하는 노래를 빠르게 선택해서 들을 수 있도록 했다. 저장된 노래가 늘어났으니 기존 음악 플레이어처럼 10~15개의 버튼과 작은 화면으로는 너무 번거로웠다. 그에 따라 클릭휠click wheel이 발굴되었고 커진 사이즈를 활용한 큰 화면과 합쳐져서 고객 경험을 경쟁사와 비교해 월등한 수준으로 끌어올렸다.

이 과정에서 애플은 자신들의 혁신 철학이 드러나는 의사결정을 수행한다. 즉 플레이어에서 수행하는 과제와 PC에서 수행하는 업무를 분리하여 플레이어 사용자 인터페이스를 간단명료하게 정리

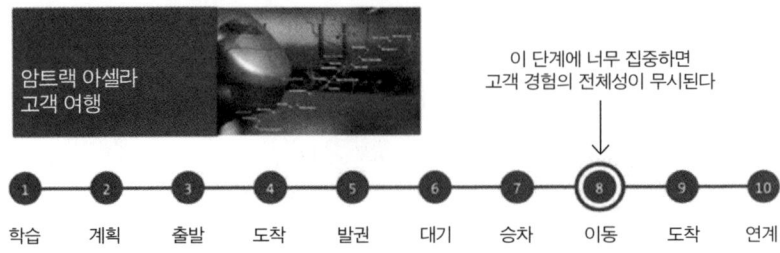

암트랙은 8단계인 탑승 부분에 대한 혁신을 요청했다. 하지만 아이디오는 전체 여행 경험 10단계의 혁신을 진행했다. (출처: ludensfaber.wordpress.com)

하고 아이튠즈를 개발했다. 또한 가장 작은 하드디스크를 발굴해서 채용하고 그에 필요한 파이어와이어Firewire 같은 새로운 기술을 개발하였다. 이 모든 게 미래의 고객 경험을 가장 우선순위에 두고 필요한 기술을 만들어간 것이다. 실제로 이와 같은 의사결정은 아무 회사나 할 수 있는 것이 아니다. 고객 경험을 위해 상당히 많은 양의 업무들이 추진되어야 하기 때문이다.

미래의 고객 경험을 설정하고 실제로 구현한 대표적인 다른 사례는 아이디오가 수행한 암트랙의 서비스 디자인이다.[19] 암트랙은 미국의 철도회사로 미국 동부 노선에서 항공사와 경쟁이 심해지자 이를 타개할 방안을 만들기 위해 아이디오에 프로젝트 수행을 요청하였다. 그러나 아이디오는 암트랙이 요청한 객실 내부 전체 일등석화를 통한 경쟁력 강화는 고객의 전체 여행 여정 10단계 중 8단계에 위치하는 것에 불과하며 조사 결과 고객은 1~7단계에서 실망하여 이탈한다는 것을 알렸다. 그리고 10단계(학습부터 계획, 출발, 도착, 발권, 대기, 승차, 이동, 도착, 연계까지)에 걸친 총체적 고객 여정을 다시 설계해야 성공적인 과제가 될 수 있음을 설명하였다고 한다. 암트랙

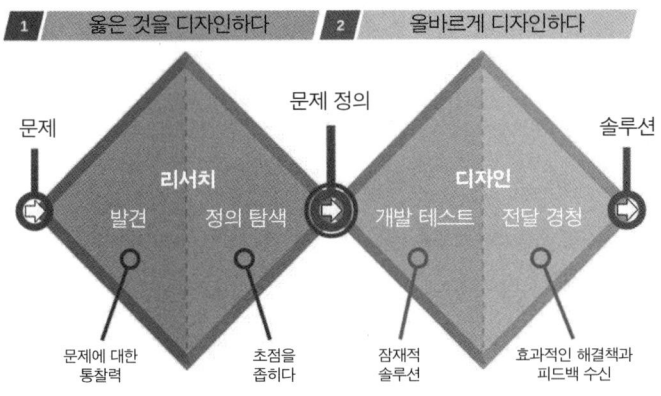

(출처: 영국디자인협회British Design Council, 2005, 위키피디아)

이 그 제안을 받아들여서 더 넓은 범위에 대해 과제가 수행되었고 혁신적인 경험이 기획되었다. 심지어 한 역[20]에는 여행자들이 중요하게 생각하는 렌터카 시설이 없어서 철도 개통을 연기했다고 한다.

미래의 경험을 정의하는 과정은 잘 알려진 더블 다이아몬드Double Diamond 모델로 설명할 수 있다(더블 디자인 다이아몬드로도 불린다). 이 모델은 여러 리서치를 통해 풀어야 할 문제에 대해 이해하는 발견discover 단계, 파악한 인사이트를 이용해서 문제를 재정의하는 정의define 단계, 정의한 문제를 해결하는 여러 해답을 탐색하는 발전develop 단계, 최적의 해답을 찾아서 구체화하는 전달deliver 단계 등 4단계로 설명된다.

더블 다이아몬드 모델에서 가장 중요한 것은 주어진 문제의 해답을 바로 찾는 것이 아니라 문제를 재정의하는 과정을 거친 후에 해답을 찾는 것이다. 앞에 소개한 아이팟과 암트랙 사례도 기존 뮤직 플레이어 사용자가 가진 어려움과 고객사가 원한 문제의 해답을 찾

미래의 경험의 시각화

미래의 경험은 페르소나, 스토리, 사용자 인터페이스로 시각화된다.

은 것이 아니라 여러 리서치를 통해 해결해야 하는 제대로 된 문제를 정의하였다. 아이팟은 '내 모든 음악이 저장된 뮤직 플레이어', 암트랙은 '여행 여정 전체에서 차별화된 경험 제공' 등으로 명확하게 문제를 정의한 것이다.

그리고 미래의 경험은 사용자 경험 스토리로 시각화된다. 때로 시간과 예산이 있으면 동영상을 만들기도 한다. 대표 사용자군의 페르소나가 정의되며 어떤 상황에서 어떻게 행동하는지가 기술된다. 그 과정에서 사용되는 제품의 사용자 경험을 보여준다. 왜 그렇게 결과물을 만들까? 그건 미래의 경험을 설명하기에 가장 효과적이기 때문이다. 100여 페이지의 전략 보고서보다 네다섯 장의 미래 경험 스토리가 더 빠르게 이해되고 공감할 수 있으며 면밀하게 고객·직원 경험을 들여다볼 수 있게 한다.

아이디오의 혁신 스윗 스팟[21]

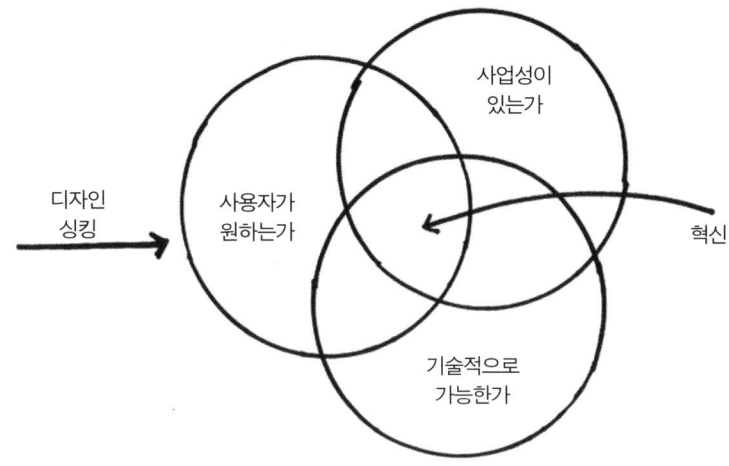

미래의 고객·직원 경험을 정의하고 시각화함으로써 우리는 디지털 트랜스포메이션이 성공적일지 아닐지 예상할 수 있다. 성공적인 디지털 트랜스포메이션이 제공하는 경험은 아이디오가 정의한 혁신 다이어그램을 적용할 수 있다. 혁신은 3가지 요건인 사용자가 원하는지desirability, 기술적으로 가능한지feasibility, 사업성이 있는지viability가 모두 충족되어야 한다는 의미이다. 그래서 실무에서는 시각화된 고객·직원 경험을 사업팀, 상품기획팀, 마케팅팀, 개발팀, 사용자 경험팀이 함께 검토한다. 각 팀 담당자는 미래의 고객·직원 경험에 대해 의견을 나누고 수정할 사항이나 추가할 사항을 논의한다.

무엇을 디지털 트랜스포메이션을 할지 발굴하는 것은 누군가의 통찰력을 통해서 발굴하기도 하고 사용자 리서치를 통해 찾기도 하고 경쟁사를 비롯한 타사의 사례를 참고하면서 얻기도 한다. 그런데 어떤 경우건 미래의 경험을 정의하고 시각화하는 것은 막대한 비용이 들어가는 실제 개발을 바로 하는 것보다 훨씬 효과적인 방법이다. 미래의 경험을 정의하는 과제는 적어도 2~3개월의 고민의 시간이 필요하다. 이 시간은 꼭 확보되어야 한다. 보통 전략팀이나 컨설턴트가 전략을 수립한 뒤에 곧바로 시스템 개발 과제를 시작하는데 그게 아니라 미래의 경험을 정의하고 이를 검증한 후에 개발 과제를 진행해야 한다.

실제로 이러한 '전략→미래의 경험→개발' 프로세스는 사용자 경험의 성숙도가 높은 조직인 가령 네이버, 삼성전자, 쿠팡, 토스 등에서는 익숙한 프로세스이나 아직 이 프로세스가 익숙하지 않은 회사들이 꽤 존재한다. 이런 회사들은 예산과 기간이 부족하니 미래의 경험을 정의하는 단계를 생략하는 경우가 많다. 전략이 명확하니 개발하면서 구체화하면 된다고 생각한다. 하지만 결국 전략이 구체화되면서 여러 부서 간에 이견이 발생하기도 하고 충분히 의미 있는 고객·직원 경험이 아니라는 것이 알려지기도 하며 개발 이슈가 많을 수도 있다.

결국 개발부서나 디자인부서는 '전략팀이나 컨설턴트가 도출한 진취적인 목표를 달성하지 못한 죄인'이 된 마음으로 중요하게 해야 할 일을 뒤로 미루거나 단편적인 해결 방안으로 제품과 서비스를 구현하고 만다. 회사와 경영진 입장에서는 많은 돈과 시간을 투자했으나 컨설팅의 초기 보고 때와는 다른 모습으로 구현되어가는 것을 보며 고민에 빠질 수 있다. 결국 성공적인 디지털 트랜스포메이션 과제는 전략 수립→미래의 경험 정의→시스템 개발의 프로세스로 진행되어야 한다. 미래의 경험 정의 단계를 건너뛰면 전략과 개발의 틈을 극복하기 어렵다.

5
어떻게 디지털 트랜스포메이션할 것인가

무엇을 디지털 트랜스포메이션을 할 것인지는 미래의 경험을 정의하는 것으로 결정했다고 해보자. 그럼 그 후는 정의된 미래의 경험을 구체화하는 과정이 진행된다. 시스템 개발은 그다음이다. 고객·직원 경험을 면밀하게 들여다보면서 최고의 경험을 제공하기 위한 기획이 진행된다. 이 과정은 전형적인 사용자 경험 기획의 단계이다.

다만 디지털 트랜스포메이션 과제는 2장에서 소개한 대로 복잡하고 규모가 크고 여러 이해당사자가 관련된다는 특징이 있다. 그래서 한 명의 사용자 경험 전문가가 경험을 기획하는 것은 거의 불가능하다. 여러 기획자와 사용자 경험 전문가가 함께 일하는 체계적인 방법론이 필요하다.

사용자 경험을 고려한다는 것은 무엇일까? 여러 정의가 있지만

IBM의 엔터프라이즈 디자인 싱킹

어떤 사람이
사용자가 누구인가?
누구를 대상으로
하는지 대상으로
하지 않는지
명확히 하라

어떤 일을
그들이 충족시키고자
하는 수요는 무엇인가?
사용자의 수요를
프로젝트의 목표로
전환하라

와우하게
경쟁자와 어떻게
차별화할 것인가?
어떻게 성공을
측정할 것인가?

터치포인트를 '어떤 사람이' '어떤 일을 할 때' '어떻게 와우 경험을 줄 것인가'로 정의했다.

IBM의 인터랙티브 스튜디오에서는 사용자 경험을 기획하고 디자인한다는 것을 '어떤 사람이Who' '어떤 일을 할 때What' '어떻게 와우 경험을 줄 것인가Wow'를 고민하는 것으로 설명한다.[22]

'어떤 사람'은 상품 또는 시스템을 누가 사용하는지, 최종 사용자가 직원인지, MZ세대인지 은퇴한 장년층인지 등의 타깃 사용자를 의미한다.

'어떤 일'은 해당 사용자가 하고 싶은 것이 무엇인지를 의미한다. 빠르게 계좌 이체하기, 문자에 답장하기, 원하는 음식을 주문하기, 출발 전에 항공기에 추가 급유량을 입력하기 등이 해당한다.

'어떻게 와우 경험을 줄 것인가'는 해당 사용자가 원하는 것을 할 때 어떻게 고객의 기대치 이상의 훌륭한 경험을 줄 것인가이다. 말 그대로 고객의 입에서 감동의 "와우!"가 나오는 경험이다. 와우 경험은 현재의 경험에 대비되는 상대적 개념이다. 어떤 경우는 더 쉬워야 하고 어떨 때는 더 빠르고 정확해야 하고 어떨 때는 더 효율적으로 해야 한다. 일반적으로 고객에게는 쉽고 직관적인 원클릭이고 직원에게는 정확하고 효율적인 사용법이다.

사용자 경험을 X축은 시간으로 Y축은 그 시각에 사용자가 느끼

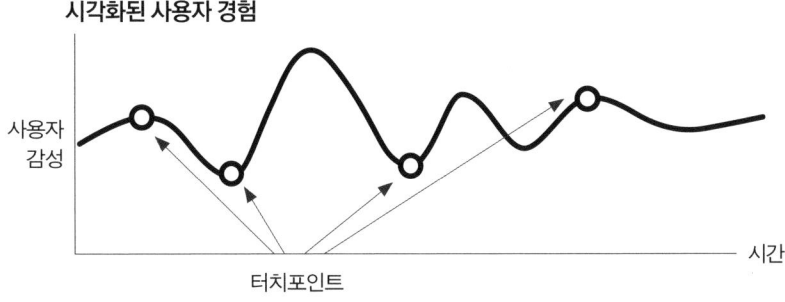

는 감성(위쪽은 좋은 경험, 아래는 나쁜 경험)으로 표현해보자. 그럼 시간에 따른 한 사용자의 경험을 위와 같이 표현할 수 있다. 사용자는 나쁜 경험을 할 때 상품이 좋지 않다고 생각하며 좋은 경험을 할 때 상품이 마음에 든다거나 또는 잘 샀다고 생각한다.

좀 더 나아가서 한 사용자가 느끼는 감성은 5단계로 구분할 수 있다. 중간에 중립 영역이 있고 그 위아래로 긍정적 감성과 부정적 감성이 있고 맨 위와 맨 아래에 감동적인 감성과 최악의 감성이 있다. 경험을 기획한다는 것은 '사용자가 느끼는 감성을 더 좋게 한다'는 것이다. 즉 나쁜 감성을 제거하고 좋은 감성을 더 좋게 하는 것이다. 흔히 수행하는 사용성 평가는 사용성 문제를 찾아서 없애려는, 즉 나쁜 경험을 제거하려는 의도이다. 또한 보통 혁신이라 언급되는 경험은 사용자가 예상치도 못한 최고의 감동을 주는 것이다.

경험을 기획할 때 사용자의 모든 경험을 대상으로 할 수 있다면 가장 바람직할 것이다. 하지만 실제 과제에서 모든 경험을 기획한다는 것은 거의 불가능하다. 이로 인해 서비스 디자인Service Design 분야에서는 터치포인트touchpoint라는 개념을 정의했다. 터치포인트는 '사용자에게 의미 있는 순간'으로 정의할 수 있다. 사용자 경험

사용자 감성의 5단계

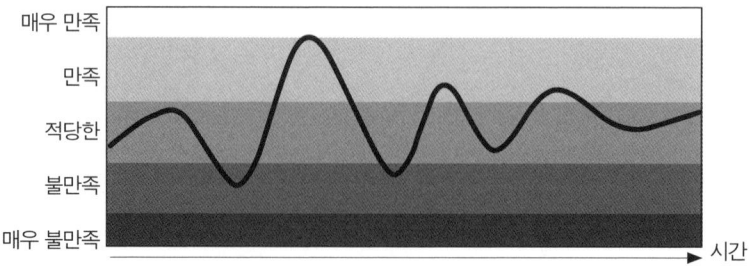

사용자 경험의 구성

$$\text{상품의 사용자 경험} = \int \text{터치포인트의 사용자 경험}$$

$$\approx \sum \text{터치포인트의 사용자 경험}$$

사용자 경험은 여러 터치포인트로 이루어진다.

은 여러 터치포인트들로 구성된다.

그러므로 경험을 기획한다는 것은 '터치포인트를 찾고 이 터치포인트에서 사용자 경험을 좋게 하는 것'이다. 사용자 경험을 좋게 하는 것에는 2가지 차원이 있다. 하나는 터치포인트의 숫자이다. 명품의 차이는 디테일에 있다는 것과 같은 의미이다. 더 좋은 경험을 제공하는 상품일수록 사용자가 예측하지 못한 터치포인트까지 설계한다. 애플은 타 제조사보다 제품에 더 많은 터치포인트를 기획하는 것으로 잘 알려져 있다. 내가 최근에 경험한 것은 에어팟의 충전을 사용 패턴에 맞추어서 사용하기 직전에는 완전충전을 하고 그 외에는 80%만 충전을 하는 것이었다. 완전충전을 많이 할수록 배터리 성능이 빠르게 떨어지기 때문이라고 한다.

다른 하나는 하나의 터치포인트의 사용자 경험 개선 정도이다.

사용자 경험의 개선

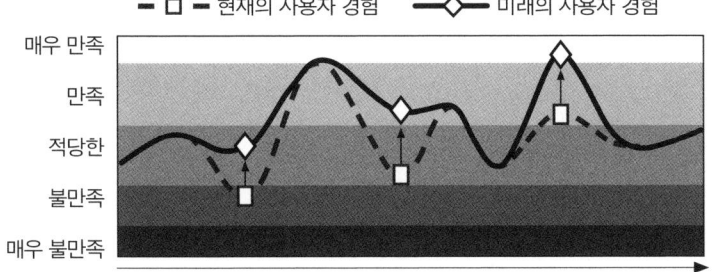

사용자 경험의 개선은 터치포인트를 찾고 터치포인트에서 사용자 감성을 높이는 것이다.

단계가 많이 올라갈수록 더 좋은 개선이다. 일반적으로 불만족not good 터치포인트는 적어도 적당한 수준neutral으로 개선해야 하며(사용성공학적 접근법), 와우 경험을 가능한 한 많이 찾는 것이 필요하다. 감동적인 고객 경험은 상품마다 다르다. 일반적으로는 어렵게 하던 것을 쉽게 할 수 있게 하는 것이다. 가령 모바일 앱으로 미리 물건을 주문하고 슈퍼마켓을 방문해서 포장된 물건을 가져가게 하는 경우이다. 또 하던 것을 안 할 수 있게 자동화하는 것도 해당한다. 예를 들어 휴대전화 변경 시 새 휴대전화를 기존 휴대전화 옆에 두면 모든 데이터가 이동되는 사례처럼 말이다. 경험을 개선하는 정도를 정하는 것은 사용자 경험 개선 전략에 따라야 한다.

한 직원이 한 고객에게 서비스를 제공하는 것에 적용하면 위와 같은 그림으로 표현된다. 직원과 고객이 각각 느끼는 경험이 다른 곡선으로 표현된다. 직원에게는 어려운 경험이지만 고객에게는 좋은 경험일 수 있고 직원에게는 편하지만 고객에게는 불편한 경험일 수도 있다.

마찬가지로 직원 감성과 고객 감성도 5단계로 구분할 수 있다.

시각화된 고객 경험과 직원 경험

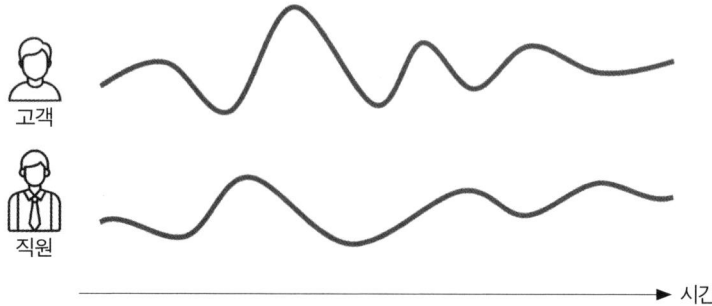

다만 직원 감성과 고객 감성은 차이가 있다. 직원은 3장에서 소개한 것처럼 해야 할 업무를 효율적으로 정확하게 하는 것이 중요하다. 반면 고객은 원하는 목표를 쉽고 빠르게 원클릭으로 달성하는 것이 중요하다. 즉 경험의 기획 목표가 다르다. 직원 경험을 고객 경험처럼 기획하면 오히려 여러 업무 수행의 효율성이 떨어지며 필요한 정보가 누락되는 현상이 주로 발생한다. 반면 고객 경험을 직원 경험처럼 만들면 화면에 덜 중요한 정보가 너무 많아지거나 거의 사용하지 않는 기능들이 나와 있어서 화면이 복잡해진다.

어떻게 디지털 트랜스포메이션을 할 것인가를 정리하면 3가지가 있다. 첫째, 웹사이트나 앱, 키오스크와 같이 시스템이 제공하는 채널을 어떤 고객들이 왜 사용하는지에 대해 파악한다. 둘째, 기획할 시스템에 관련된 직원은 어떤 업무를 해야 하는지 알아야 한다. 셋째, 이를 중심으로 고객 경험과 직원 경험을 만드는 것이다. 여기서 중요한 것은 고객 경험과 직원 경험의 중요 터치포인트를 가능한 한 많이 발굴하고 해당 직원의 업무와 관련 고객의 목표를 기준으로 감성의 단계를 올리는 것이다. 이런 개선을 총체적인 경험이 혁

어떻게 디지털 트랜스포메이션을 할 것인가

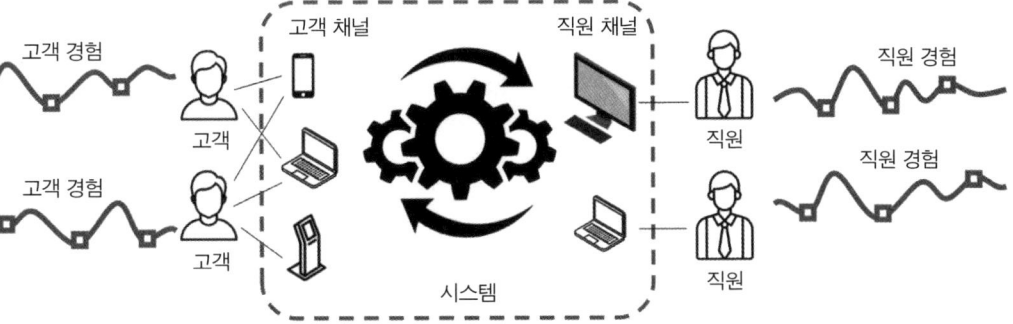

어떻게 디지털 트랜스포메이션을 할 것인가는 총체적인 관점으로 고객과 직원 경험을 기획해가는 과정이다.

신되는 차원으로 진행해야 한다는 것이다.

위의 그림은 어떻게 디지털 트랜스포메이션을 할 것인가에 대한 관점을 보여준다. 관련 직원들이 사용하는 업무 시스템과 고객이 사용하는 채널과 시스템이 있으며 직원 경험과 고객 경험의 터치포인트가 표현되었다. 좀 더 자세한 기획 프로세스는 다음 장에서 소개하겠다.

6
전략 수립과 사용자 경험 역량의 통합이 이루어져야 한다

누가 경험 중심의 디지털 트랜스포메이션을 해야 할까? 많은 기업이 무엇을 디지털 트랜스포메이션을 할지 정하는 전략 과제를 수행한 후 결과물을 구현하는 개발 과제를 시작한다. 하지만 사업부장 또는 대표 앞에서 발표한 전략 과제 결과물의 장밋빛 비전은 개발 과제가 진행되면서 산산이 부서지는 경우가 많다. 이런 경우가 발생하면 개발 단계에 참여한 사람들이 전략 과제 결과물의 비현실성을 비난하고 반대로 전략 단계에 참여한 사람들은 개발 역량의 부족을 탓한다.

디지털 트랜스포메이션 전략 과제는 회사 내부의 전략 부서 또는 컨설팅 회사가 수행하고 개발 과제는 사용자 경험 전문가들이 참여한다. 수립된 전략을 가능한 한 빨리 구체적인 사용자 인터페이스로 바꾸는 역할이다. 문제는 시간이 충분하지 않다는 것이다. 빡빡한 개발 비용과 개발에 필요한 시간을 고려하면 사용자 경험 전문가들에게 주어진 시간은 2~3개월인 경우가 많다. 결국 제대로 된 경험 기반 기획은 이루어지지 않고 소프트웨어 개발자들에게 주도권을 빼앗긴 채 고객의 요구 사항만을 만족시키는 사용자 인터페이스를 그리게 된다. 안타까운 것은 고객의 요구 사항은 기능이 동작하는지 아닌지로 정의되며 사용성이 확보되었는지 또는 와우 경험을 제공하는지로 정의되지 않는다는 것이다. 이런 식으로 기능은 있으나 사용성이 좋지 않은 시스템 또는 소프트웨어가 만들어진다.

그러나 아이디오와 프로그디자인 등이 경험 기반 혁신 상품을 발굴한 사례로 유명해진 것처럼 사용자 경험 전문가들이 전략 단계부터 참여하는 경우가 점점 늘어나고 있다. 웹사이트, 모바일 앱, 그리고 소프트웨어와 전자제품에서 그 효용이 증명된 사용자 경험은 디지털 트랜스포메이션에도 확산되고 있다. 대표적으로 유명 컨설팅 회사들이 유명 사용자 경험 회사를 인수해왔다. 딜로이트, 맥킨지, 액센츄어 등이 도블린Doblin, 피오르드, 루나Lunar, 왓이프What If와 같은 디자인 회사들을 인수해서 컨설팅 프로젝트를 함께 수행하고 있다. 즉 컨설턴트의 도메인에 대한 이해와 분석력과 사용자 경험 전문가의 공감 역량과 창의력을 융합하려는 것이다.

디지털 트랜스포메이션 과제에서 전략 전문가인 컨설턴트는 비즈니스 모델 수립, 업무 프로세스 파악과 개선, 실제 추진을 위한 세부 과제의 정의에 전문성이 있다. 반면 사용자 경험 전문가는 사용자 리서치를 통한 고객 통찰customer insight 발굴, 혁신 아이디어 발굴, 미래의 고객 경험 시각화, 사용자 경험 프로토타입 제작에 전문성이 있다. 컨설팅 회사가 사용자 경험 전문 회사를 인수하는 이

컨설팅 회사의 사용자 경험 전문 회사 인수[23]

연도	딜로이트	BCG	액센투어	캡제미니	베인앤컴퍼니	맥킨지
2019		올로브어스	보우앤애조우 드로가5	해픈 인시툼 왓이프	알트란앤프로그	플럭스
2018					FRWD	두잉
2017	마켓 그래비티		마야		아이딘	두잉
2016					프렌하이트 212	베르데이
2015						루나
2014		히트	BCG DV			
2013		도블린		피오르드		

유는 수립된 전략을 이해하여 새로운 아이디어를 발굴하고 시각화해서 고객에게 발표해야 하기 때문일 것이다. 나도 SK텔레콤에서 일할 때 100페이지 정도의 전략 보고서를 사용자 스토리와 사용자 경험 프로토타입으로 변환하여 경영진에게 성공적으로 보고한 경험이 있다. 이때 회사는 전사적으로 원페이지 기획서를 요구했다. 내가 보고한 이 방식은 매우 효과적인 것으로 인정받았다.

또한 전략 수립 역량과 사용자 경험 역량을 융합하는 것은 이미 여러 회사에서 시도되었다. 컨설턴트와 사용자 경험 전문가가 함께 과제를 수행하기도 하고 컨설팅 역량을 가진 사용자 경험 전문가와 경험 관점을 가진 컨설턴트를 양성하기도 한다. 물론 컨설턴트와 사용자 경험 전문가가 함께 일하는 것은 쉬운 일은 아니다. 내가 경험해본 가장 큰 차이는 컨설턴트들은 보고서를 과제 시작 일주일 만에도 작성한다는 것이다. 반면 사용자 경험 전문가들은 과제 시작

사용자 스토리와 사용자 경험 프로토타입으로 변환한 전략 보고서

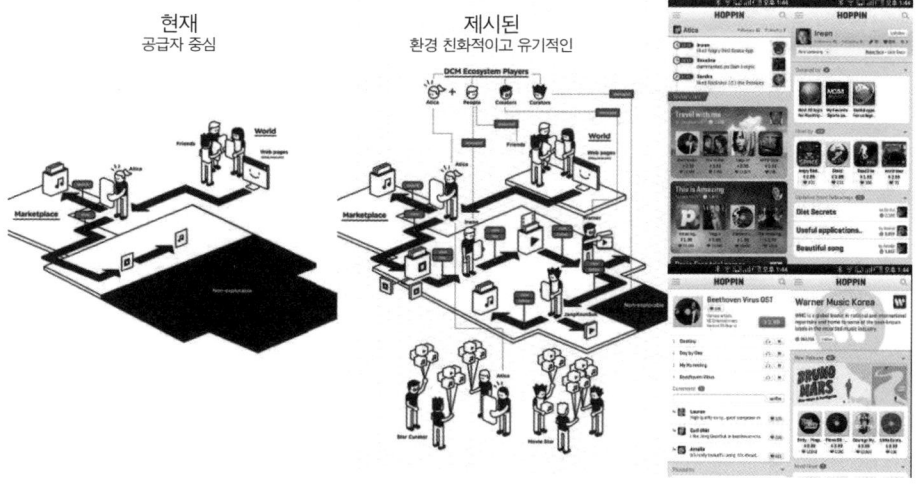

후 한 달은 지나야, 즉 리서치가 어느 정도 수행된 후에야 보고서를 쓸 수 있다는 것이다. 한 과제에서 이런 얘기를 들은 적도 있다.

"쟤들(사용자 경험 전문가들)은 일은 안 하고 한 달 동안 포스트잇만 붙이고 있다."

그러나 가장 중요한 것은 '사용자 경험 관점을 가진 컨설턴트'와 '비즈니스를 이해하는 사용자 경험 전문가'가 매우 필요하다는 것이다. 이미 여러 회사가 그 사실을 알고 있다. 새로운 관점은 더 정확하게 디지털 트랜스포메이션 과제의 목표 수립을 돕고 새로운 해결책을 찾을 수 있게 하기 때문이다.

즉 총체적 경험 기반 디지털 트랜스포메이션 과제의 기획은 컨설턴트도 사용자 경험 전문가도 할 수 있다. 과제 성격에 따라 컨설턴트가 더 잘할 수도 있고 사용자 경험 전문가가 더 잘할 수도 있고 함께 일하는 게 좋을 수도 있다. 중요한 것은 컨설턴트는 고객 경험

컨설팅 역량과 사용자 경험 역량

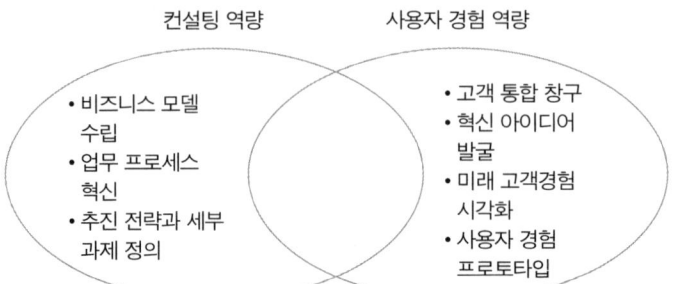

컨설팅과 사용자 경험 역량의 융합을 통한 경험 기반 디지털 트랜스포메이션 과제 추진이 필요하다.

과 직원 경험을 이해하고 혁신하는 관점을 가져야 하며 사용자 경험 전문가는 비즈니스와 전략을 이해하고 그에 따른 고객 경험과 직원 경험을 기획할 수 있어야 한다.

정리

- 많은 디지털 트랜스포메이션 과제는 고객·직원 경험을 모두 고려하는 관점을 가져야 성공할 수 있다. 총체적 경험 관점은 핵심 문제를 재정의할 수 있게 하고 그럼으로써 새로운 해결책을 찾게 한다.
- 경험 기반 디지털 트랜스포메이션 과제는 2단계로 진행된다. 첫째, 무엇을 디지털 트랜스포메이션을 할지를 미래의 경험을 중심으로 정의하는 단계이다. 둘째, 어떻게 디지털 트랜스포메이션을 할지를 기획하는 단계이다.
- 개발 과제를 진행하기 전에 미래의 고객·직원 경험을 정의함으로써 조직은 전략과 개발의 간극을 극복할 수 있으며 디지털 트랜스포메이션 과제의 성공 여부를 미리 알 수 있다.
- 고객·직원 경험은 터치포인트로 이루어진다. 와우 경험이 제공되는 터치포인트의 수와 강도에 따라 과제의 성공 여부가 결정된다.
- 총체적 경험 기반 디지털 트랜스포메이션은 전략 수립 역량과 경험 관점으로 기획하는 역량의 융합이 필수적이다.

5장

디지털 트랜스포메이션에서 총체적 경험은 어떤 프로세스로 진행되는가

1
굿 디자인이
굿 비즈니스이다

"굿 디자인이 굿 비즈니스이다Good Design is Good Business."

1950년에 IBM 사장이었던 토머스 왓슨Thomas J. Watson이 한 말이다. 그 당시 IBM은 기술적으로 가장 앞선 회사였다. 그의 언급은 처음에는 심미성look and feel을 의미한 것으로 보이나 디자인 컨설턴트인 엘리엇 노예스Eliot Noyes를 영입한 이후 제품 개발 프로세스로 그 의미가 바뀌어 회사의 문화로 발전한다. 최근 주목을 받는 디자인 싱킹이 방법론으로 정립된 데는 IBM의 기여가 컸다. 지금도 이 문구가 여러 도시의 IBM의 사무실에 액자와 인쇄로 노출되어 있는 것을 보았다.

굿 디자인good design에 대해 정의해보자. 영어로는 디자인이지만 우리말로는 기획과 디자인을 포함하는 말이다. 이 책에서는 기획으로 부르겠다. 우리는 잘된 고객 경험을 심플함simplicity으로 설

"굿 디자인이 굿 비즈니스이다."

IBM 사장이었던 토머스 왓슨이 한 말이다. IBM 사무실에서 쉽게 볼 수 있다.

명한다. 조금 상세하게는 심미성aethetics, 직관성intuitiveness, 학습성 learnability으로 설명할 수 있다. 휴대폰이나 모바일 서비스를 기획할 때 가장 중요하게 고려해야 하는 원칙이다. 이 원칙이 적용된 경험이 만들어지면 상품이 잘 팔리거나 더 많은 사용자가 방문하거나 더 자주 사용하게 된다. 잘 알려진 사례가 우버와 구글의 네스트 온도조절기이다.

우버는 택시를 부를 때부터 길거리에서 손을 흔들지 않고 앱에서 목적지를 설정한다. 특히 외국에서는 목적지를 설명하기가 어려운데 그런 번거로움을 겪지 않아도 된다. 또 비용을 지불할 때도 이미 정산이 됐기 때문에 폼 나게 문을 열고 내리면 된다. 바가지를 쓸 염려도 없다. 택시 호출에서 내릴 때까지의 경험을 매우 심플하게 정리했으며 심미적이고 직관적인 고객 경험을 제공한다. 네스트는

우버와 네스트의 심플하고 심미적이고 직관적인 사용자 경험

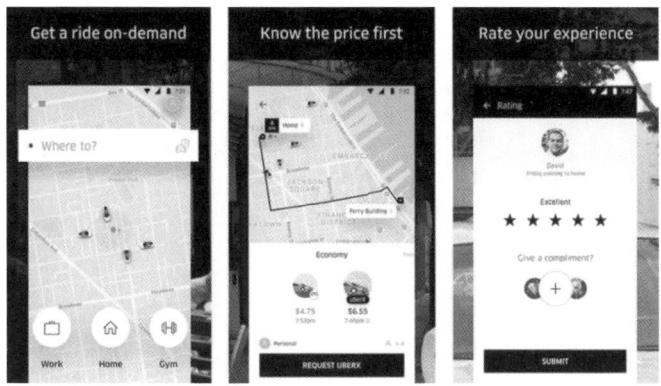

난방이 필요한 시간과 온도를 몇 번만 조정해주면 스스로 학습하여 수행하고 현재 상황과 매월 절약된 비용을 정확하게 확인할 수 있게 한다.

직원들이 업무에서 사용하는 제품 디자인은 일상에서 사용하는 제품 디자인과 다르다. 회사 담당부서에서 구입하므로 사용자와 구매자가 다르다. 업무용으로 사용하는 것이라서 다른 대안이 없다. 게다가 여러 사람이 관련된 경우가 많아서 수행하는 업무가 길고 복잡하게 엮여 있는데다가 필요한 정보가 많아 깔끔하게 정리하기

세일즈포스의 고객관리시스템

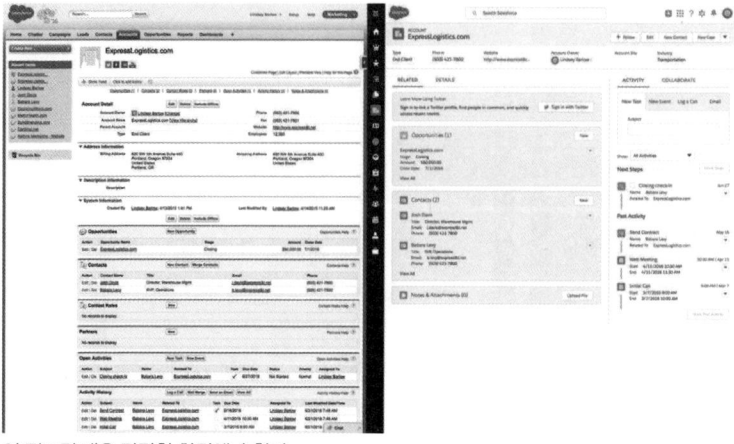

이 정도면 매우 간단한 화면에 속한다.

가 거의 불가능하다. 그리고 회사는 직원들이 효율적으로 실수 없이 일하기를 바란다.

이런 기업용 소프트웨어에서 잘된 경험의 목표는 업무 생산성 향상으로 설명할 수 있다. 업무 생산성은 업무에 들어간 인풋(시간, 인력) 대비 아웃풋(결과, 효과성)으로 정의된다. 회사 경영진이 매우 중요하게 생각하는 것이다. 예를 들어 1시간에 30마리의 통닭을 만드는 치킨집은 20마리를 만드는 치킨집보다 업무 생산성이 1.5배 높은 것이다.

업무 생산성은 자세하게는 얼마나 효율적으로 업무를 수행할 수 있는지의 효율성, 체계적인 정보를 제공하여 올바른 선택을 할 수 있게 돕는지의 의사결정 지원, 고객이 원하는 대로 사용자 인터페이스를 변경할 수 있는지의 커스터마이제이션 등으로 설명될 수 있다. 예를 들면 패스트푸드 매장에서 직원이 손님의 주문을 빠르게 입력하는 것은 효율성에 해당한다. 증권사 직원이 보는 주식 관련 정보는 주식을 살지 팔지에 대한 의사결정을 도와주며 마우스 버튼의 기능을 개인별로 설정하여 컨트롤 버튼과 마우스 왼쪽 버튼을 함께 누르면 주식 매도창이 나오게 하는 것은 커스터마이제이션이다.

그렇다고 직원 경험에서 심플함이 고려되지 않는 것은 아니다. 다만 많은 정보와 복잡한 절차로 인해서 그 결과물이 사용하기 쉽지 않고 복잡하며 덜 심미적으로 느껴질 뿐이다. 사실 심플한 것이 중요하지 않은 것이 아니라 거의 불가능하다. SAP의 고객관리시스템 CRM의 사용자 인터페이스를 어떻게 더 심플하게 만들 수 있을까? 게다가 정보가 하나라도 없어지면 누군가 불평을 하는데 말이다.

2
고객 경험과 직원 경험의 다른 점은 무엇인가

 그렇다면 고객 경험의 목표인 심플함과 직원 경험의 목표인 업무 생산성은 다른 것일까? 또는 다른 원칙이 적용되는 것일까? 결론부터 말하면 원칙이 다른 것은 아니다. 기존 문헌들에서 디자인 원칙은 이미 고객 경험과 직원 경험을 포괄하고 있다. 다만 최근에는 이 기본적인 원칙을 너무 당연하게 여기면서 좀 더 감성적이며 심미적인 관점으로 경험을 기획했기 때문에 다르게 느껴지는 것으로 생각된다.

 다음은 1997년에 출간된 벤 슈나이더만Ben Shneiderman의 저서 『사용자 인터페이스 디자인하기Designing User Interface』에서 8가지 디자인 원칙을 정리한 것이다. 일관성을 지키고 빠른 실행을 돕고 피드백을 제공하고 멘탈 모델 형성을 지원하고 문제 해결을 돕고 시스템을 주관할 수 있게 하고 복잡하지 않게 하라는 내용이다.

벤 슈나이더만의 8가지 디자인 원칙

1. 일관성을 주기 위해 노력하라
2. 숙련도가 높은 사용자에게는 단축키를 제공하라
3. 유용한 피드백을 제공하라
4. 전달을 위해 디자인으로 대화하라
5. 에러에 간단하게 대응할 수 있게 하라
6. 액션을 쉽게 번복할 수 있게 하라
7. 시스템을 제어할 수 있게 하라
8. 단기기억에 대한 부담을 줄여라

이 원칙들은 너무나 당연하게 보일 수 있겠지만 가장 기본적인 원칙들이다. 이 책이 쓰였던 1990년대에 사용자 경험 전문가들은 어떤 제품을 디자인하고 있었을까? 그 당시 사용자 경험 전문가들은 증권거래소의 소프트웨어나 회사에서 사용하는 이메일 시스템이나 세금 정산을 위한 앱이나 치과 의사가 진료에 사용하는 소프트웨어를 디자인하고 있었다. 좀 더 복잡하게는 항공기 조종실이나 원자력 발전소 주제어실을 디자인하고 있었다. 당시 나의 석사 과정 연구실 프로젝트도 대부분 원자력 발전소 주제어실과 관련되었다. 1990년대 후반이 되어서야 웹과 소프트웨어의 사용자 경험을 기획했다.

또한 ISO(국제표준기구) 9241-11에서 정의한 사용성은 다음과 같다. 효과성은 사용자가 원하는 기능을 제공하며 완수할 수 있는지이고 효율성은 그 과정을 얼마나 빠르게 할 수 있는지이고 만족도는 그 과정에서 전반적으로 좋게 느껴지는지이다. 고객 경험에서 효율성과 효과성은 기본이고 만족도를 극대화하는 데 초점이 맞추

ISO 9241-11에서 정의한 사용성

사용성의 특징	정의
효과성	사용자가 원하는 목적을 제대로 달성할 수 있도록 하는 것
효율성	사용자가 목적을 달성하기 위해 투입한 자원과 그 효과의 관계
만족	사용자가 목적을 달성하는 과정에 있어서 주관적으로 얼마나 만족했는가

어져 있으며 직원 경험은 효율성에 초점을 맞추는 것으로 해석할 수 있다.

즉 사용자 경험 디자인은 직원들이 사용하는 업무용 소프트웨어에서 시작됐으며 계속 진행되고 있다. 다만 웹사이트와 모바일 앱과 같은 소비재 제품들의 시장이 급격히 커지면서 고객 경험이 직원 경험보다 훨씬 더 중요해진 것에 불과하다. 하지만 최근에는 컨슈머라이제이션의 영향으로 심플한 직원 경험이 급격히 중요해지고 있다.

고객이 사용하는 앱이나 소프트웨어는 심플한 경험 제공이 목적이다. 그리고 직원이 사용하는 앱이나 소프트웨어는 업무생산성 향상이 목적이다. 디지털 트랜스포메이션에는 고객 채널과 직원 채널이 공존하므로 사용자가 누구인지에 따라 적합한 경험이 기획되어야 한다. 예를 들어 카카오택시 서비스를 보면 택시를 부르고 탑승하고 비용을 지불하는 고객이 사용하는 앱과 고객의 콜을 받고 태우러 이동하고 고객과 소통하는 택시 기사가 사용하는 앱이 있다. 이 두 앱의 디자인 목적은 각각 심플함과 업무 생산성이 목표가 되어야 한다. 예를 들어 기사용 앱을 너무 심플하게만 만들어서 택시를 원하는 고객을 효과적으로 찾기나 카카오택시를 이용한 고객들의 출발지와 목적지의 데이터를 분석하기 등과 같은 업무생산성을 고려하지 않는다면 경쟁에서 밀리게 된다.

그리고 직원 경험을 기획할 때 발생하는 아주 큰 차이점이 있다. 3장에서 소개한 것처럼 직원 경험은 직원들의 일하는 방식, 프로세스, 시스템과 큰 연관이 있다. 따라서 이를 파악하는 과정인 업무 분석work analysis은 필수적이다. 업무 방식이나 프로세스는 회사마다 다르고 분석 과정 없이 이해할 수 있는 일반적인 경험이 아니다. 이를 파악하지 못하면 직원 경험을 개선하기 위해 무엇을 해결해야 하고 어떻게 해야 할지 알 수 없다.

업무 분석은 서비스 디자인 분야에서 발전해왔으며 이해당사자 지도stakeholder map와 서비스 청사진service blueprint, 멘탈 모델 다이어그램mental model diagram 등의 여러 방법론이 있다. 다음의 그림은 쇼핑몰의 매장 광고 시스템 과제에서 가장 먼저 작성했던 산출물이다. 이 이해관계자 지도에는 쇼핑몰의 광고 업무에 관계된 부서와 직원, 각자의 업무가 어떻게 연결되어 있는지, 업무는 어떤 흐름으로 진행되는지 정리되어 있다. 이런 업무 분석을 수행해야 내부의 시스템이나 여러 소프트웨어가 어떤 역할을 하는지 파악할 수 있고 혁신해야 할 대상 프로세스도 정의할 수 있다.

우리는 업무 분석을 통해 직원 경험과 고객 경험에 대해 좀 더 정확하게 파악할 수 있다. 특히 업무 프로세스나 시스템의 한계 때문에 발생하는 생소한 경험의 원인에 대해 알 수 있게 된다. 위 쇼핑몰 과제의 매장 광고 설치 과정에서도 예를 찾아볼 수 있다. 광고를 게시할 때는 플로어 매니저와 시설 관리자의 승인을 받아야 하고

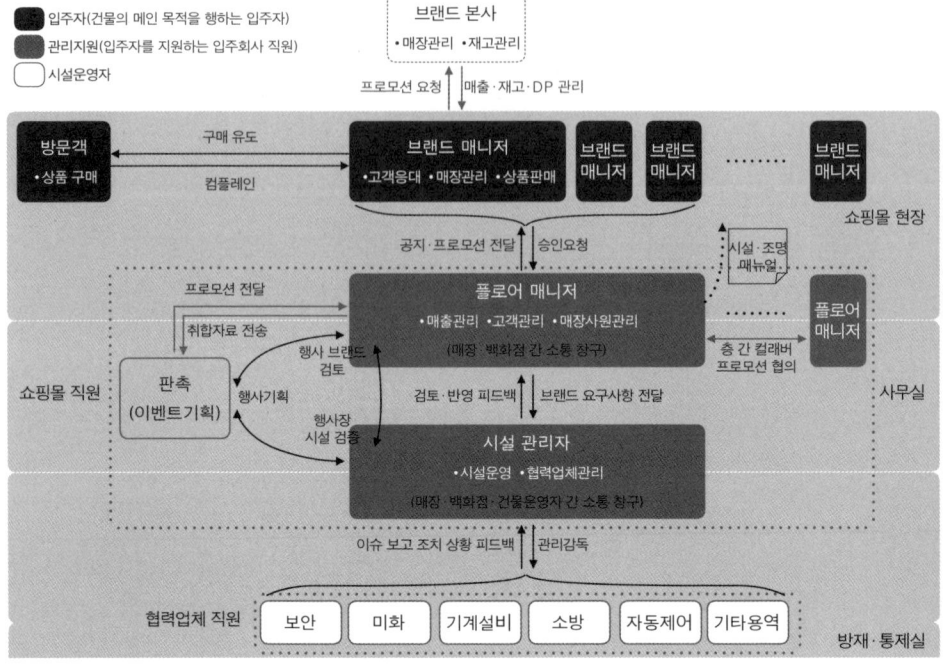

업무 분석의 하나로 가장 먼저 수행되어야 한다.

실제 설치 과정에는 협력업체 직원의 협조가 필요하고 새 광고판 교체까지 2~3주의 시간이 걸린다는 것을 알 수 있었다. 결국 업무 분석을 통해 광고를 자주 교체하는 것은 어렵다는 사실을 알아냈고 이를 고려한 기획을 할 수 있었다.

일반적으로 고객 경험만 고려하는 모바일 서비스나 웹페이지 기획 과제에서는 이런 이해관계자 지도를 작성할 필요가 없는 경우도 많다. 시스템이 가진 제약이 거의 없기 때문이다. 하지만 금융 관련 프로젝트처럼 규제 사항이 많은 경우에는 아무리 고객이 원한다 하더라도 제공할 수 없는 서비스가 꽤 있다. 가령 자유예금 계좌를 하나 더 만들어서 여행에서 쓸 비용을 모으고 싶다고 해도 최근에 계좌를 개설했다면 20일을 기다려야 하는 정부 규제가 있다.

3
경험 관점의 프로세스 혁신을 수행해야 한다

 디지털 트랜스포메이션의 대상이 되는 시스템은 복잡한 내부 구조와 환경을 가지고 있다. 시스템의 구성, 데이터의 흐름, 전문가만 알 수 있는 업무, 복잡하게 얽힌 여러 이해관계자가 존재한다. 그 위에서 업무는 어떻게 진행되는지, 의사결정은 어떻게 일어나는지와 같은 것을 알아내는 것이 매우 중요하다. 그래서 실제로 일하는 방식의 최적화를 위한 프로세스 혁신PI, process innovation 과제가 많이 진행된다. 이는 컨설팅 회사의 주요 사업 분야 중 하나이다. 참고로 대부분의 디지털 트랜스포메이션 과제는 프로세스 혁신 과제부터 시작한다.
 업무 프로세스는 한 조직의 일하는 방법 또는 일의 흐름이다. 프로세스 혁신은 일하는 방법처럼 보이지 않는 것을 시각화해서 개선할 곳과 개선할 방향을 알아낸다. 매일 아침 매장으로 식자재 배달

이 늦어지는 일이 자주 발생하고, 배달되어야 할 물건이 창고에서 출발하지 않는 일이 자주 발생하고, 또는 어떤 부서에서 업무 처리 과정이 늦어지는 병목 현상이 자주 발생한다고 해보자 이것은 한 직원이나 시스템의 잘못이 아니라 업무 프로세스가 잘못되거나 현재 상황을 반영하지 못한 결과이다.

프로세스 혁신을 효율적으로 수행하기 위해 프로세스의 각 단계와 하위 프로세스를 파악하여 '프로세스 맵'을 그리게 된다. 보통 현재의 업무를 어떻게 수행하고 있는지를 파악하여 플로 차트 형태로 정리한다. 이를 프로세스 모델링이라고 한다. 모델링을 한 후에 앞뒤 프로세스와의 관계를 보고 업무 목표와 잘 정렬되었는지 보고 다른 성공 사례가 적용될 수 있는지 보면서 프로세스 개선 아이디어를 만들게 된다. 은행들은 최근에 고객이 방문했을 때 ATM이 먼저 눈에 들어오게 하고 그 후에 직원과 업무를 볼 수 있도록 지점의 설계를 바꾸었다. 이는 간단한 업무는 ATM으로 하고 복잡한 업무만 직원에게 부탁하게 하여 매장 크기 축소와 직원 수 감소 등 매장 운영의 효율성을 높이고자 하는 것이다.

프로세스 혁신에서 현재의 프로세스를 파악하고 전후 맥락을 활용해서 분석하고 다른 사례가 적용될 수 있는지를 검토하기 위해 사용되는 프로세스 맵은 사용자 경험에서 잘 알려진 사용자 여정 지도와 매우 유사하다. 둘 다 모델링을 통한 시각화를 한다. 다만 그 대상이 업무 프로세스인지 고객·직원의 활동인지 관점만 조금 다를 뿐이다.

사용자 여정 지도가 디지털 트랜스포메이션 과제에 적용되면 고객과 직원의 활동을 시간 축에 따라 정리하고 고객과 직원 간의 상호작용을 표시한다. 그 후 고객·직원 경험을 면밀히 살펴보면서 불

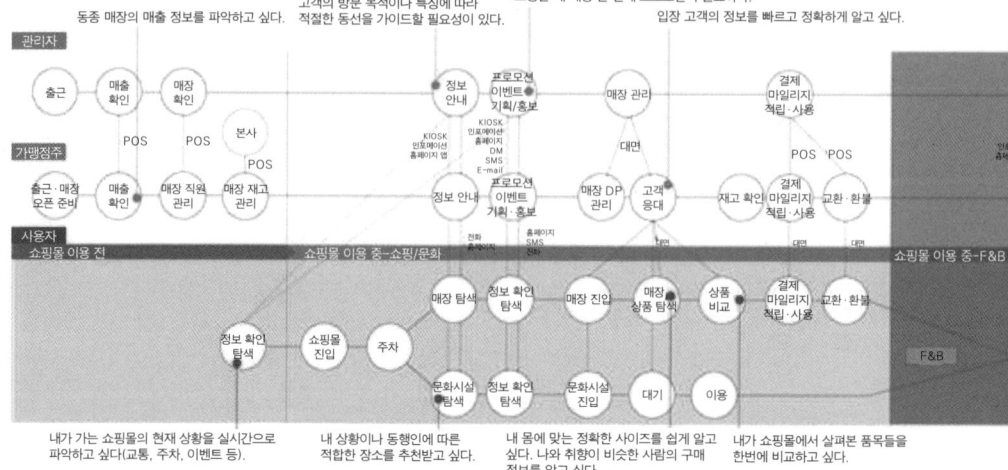

편 사항과 요구 사항을 표시한다. 위 그림은 쇼핑몰 사례에서 작성한 쇼핑몰 관리자와 가맹점주 두 직원과 사용자의 활동, 불편 사항, 요구 사항이 표시되었다.

그 후 고객·직원 경험을 개선하기 위한 많은 아이디어를 만들게 된다. 예컨대 "직원이 이런 걸 앞에서 챙긴다면 뒤에서 고객이 나중에 이걸 수행하지 않아도 되겠네, 이 단계에서 고객이 원하는 것은 이것이므로 직원은 이 활동을 지금 하지 말고 다음 단계에 하는 것이 좋겠네." 등과 같은 것들이다. 이 책에서는 이를 '경험 관점의 프로세스 혁신'이라고 하겠다.

컨설턴트가 수행하는 프로세스 혁신과 사용자 경험 전문가가 수행하는 사용자 여정 분석은 유사한 점이 많지만 3가지 차이점도 있다. 첫째, 사용자 경험 전문가들은 경험 관점으로 프로세스를 어떻게 바꾸어야 하는지를 바라본다. 그래서 경험 관점의 과제 목표를

자동차 내장형 T맵 기획 과제에서 작성한 자동차 사용자 여정 지도

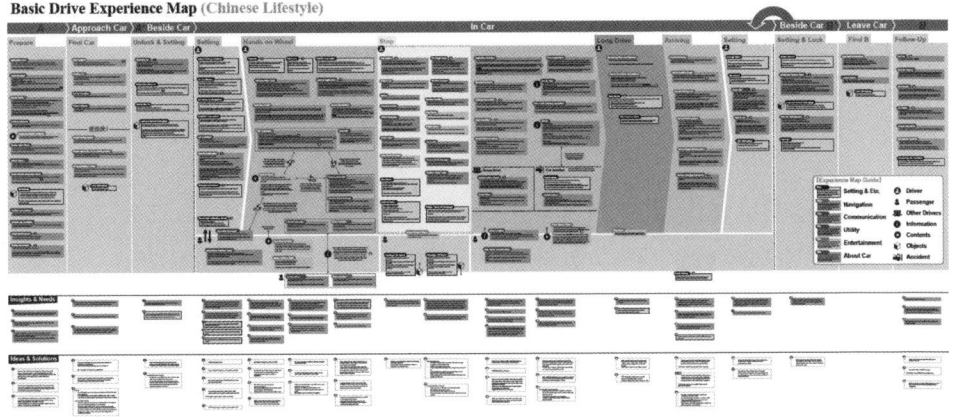

수립하고 이를 해결하기 위한 대안을 탐색한다. 파네라 2.0이 대표적인 사례이다. 고객 경험의 목표가 '고객이 매장 방문 후 음식을 가지고 떠나는 시간'으로 설정되었다. 이를 위한 수많은 개선이 실질적으로 이루어질 수 있었다. 또한 컨설턴트들이 상위 레벨인 프로세스 관점으로 개선안을 정리한다면 사용자 경험 전문가들은 좀 더 상세하게 고객과 직원의 감성을 높이고자 노력한다.

둘째, 사용자 경험 전문가들은 사용자 여정 지도를 좀 더 정밀한 수준까지 작성한다는 것이다. 컨설팅 보고서의 사용자 활동은 대부분 30~40개이지만 사용자 경험 전문가들이 작성한 사용자 여정 지도의 사용자 활동은 100개 이상인 경우가 많다. 즉 사용자 경험 전문가들이 좀 더 면밀하게 고객 경험을 파악하고 개선하고자 한다.

셋째, 사용자 경험 전문가들이 발굴하는 고객·직원 경험을 개선하는 아이디어가 다른 분야의 전문가보다 더 다양하다는 것이다. 새로운 관점으로 문제를 정의하고 해결책을 제시한다는 의미인데,

이는 사용자 경험 전문가들이 가진 디자인 싱킹 역량 때문인 것으로 판단된다. 보통 엔지니어나 컨설턴트가 고객이나 직원의 불편 사항과 요구 사항을 바로 해결하는 아이디어를 내려는 것에 반해서 사용자 경험 전문가들은 좀 더 근본적인 원인에 대해 생각한 뒤 기발한 방향으로 해결하려는 경향이 있다. 예를 들어 자동차 내장형 T맵 기획 과제에서 내가 참여한 프로젝트팀은 '좌회전 안내 문구는 좌측 스피커에서 나오도록 해서 경로를 더 잘 인지할 수 있도록 도움' '매일 출근하는 경로에 사고가 발생하면 설정해놓은 기상 알람이 15분 일찍 울리도록 함' '주유 필요시 SK주유소 할인 쿠폰 제공 및 주유소로의 경로 자동 추가' 등의 혁신 경험을 발굴하였다.

   그렇다고 사용자 경험 전문가들이 프로세스 혁신을 담당해야 한다고 주장하는 것은 아니다. 프로세스 혁신 과제는 사업과 비즈니스 모델, 시장 경쟁 상황 등 해당 도메인에 대한 지식이 필요하기 때문에 컨설턴트가 잘하는 영역이 더 많다(게다가 경험 관점으로 프로세스 혁신을 수행하는 역량을 가진 컨설턴트들도 있다). 다만 컨설턴트들이 넓은 영역에서 상위 레벨의 혁신을 추진한다면 사용자 경험 전문가들은 좁은 영역에서 고객과 직원 경험을 면밀하게 살펴보고 디자인 싱킹으로 좀 더 새로운 아이디어를 낼 수 있을 것으로 보인다.

4
사용자 경험 기획 프로세스는 어떻게 진행되어야 하는가

이제 경험 중심 디지털 트랜스포메이션 과제는 어떻게 수행되어야 하는지 소개하겠다. 2장에서 소개한 대로 디지털 트랜스포메이션 과제는 고객 경험만 있는 경우, 직원 경험만 있는 경우, 그리고 고객 경험과 직원 경험을 둘 다 고려해야 하는 경우가 있다. 여기서는 고객 경험과 직원 경험을 모두 고려해야 하는 경우를 기준으로 설명하겠다. 실제로 많은 분야에서 고객 경험만 고려해서 시장에서 인정될 만한 혁신을 가져오기는 이미 힘든 상황이다. 경험 중심 디지털 트랜스포메이션의 특징은 다음과 같이 4가지로 정리할 수 있다.

1. 총체적 경험 관점으로 혁신을 발굴한다.
2. 고객 경험을 심플하게 한다.

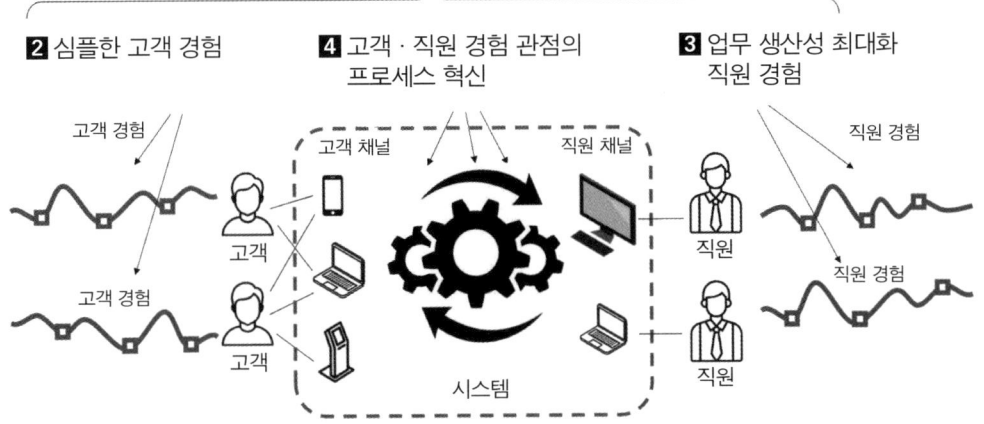

3. 직원 경험은 업무 생산성을 최대화한다.
4. 고객과 직원 경험 관점으로 프로세스를 최적화한다.

  일반적인 고객 경험 과제의 프로세스는 사용자 리서치, 경쟁사 조사, 현재의 고객 경험을 파악하면서 고객 인사이트를 발굴하고 그 기반으로 사용자 경험 전략을 수립하고 전략에 맞는 아이디어를 발굴하고 사용자 경험 프로토타입을 만들어 반복적으로 검증한다. 과제 등급에 따라 사용자 리서치나 사용자 경험 전략이 생략되기도 한다. 하지만 신제품을 개발할 때나 전면 개편을 수행할 때는 모든 단계가 진행되는 것이 정석이다.

  직원 경험 과제의 프로세스는 고객 경험 과제와 유사하다. 직원들 대상으로 사용자 리서치를 수행하고 현재의 직원 경험을 파악하고 경쟁사 조사를 수행한다. 고객 경험 과제와 다른 점은 앞 절에서

디지털 트랜스포메이션 사용자 경험 프로세스

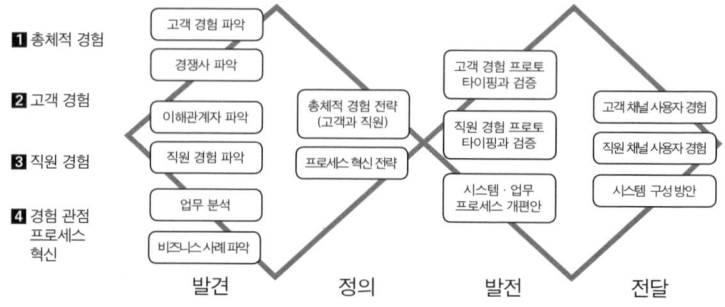

언급한 것처럼 이해당사자 지도를 과제 초기에 작성하면서 직원들의 업무와 그들의 불편 사항과 요구 사항을 파악한다는 것이다.

경험 관점의 프로세스 혁신은 사용자 인터페이스로 나타나는 화면만 개선하는 것이 아니라 고객과 직원의 경험을 면밀하게 검토하면서 일하는 방식을 바꾸는 아이디어를 만들고 검증해야 한다. 일하는 방식이 바뀌면 고객과 직원 경험을 훨씬 더 효과적으로 혁신할 수 있다. 카카오뱅크가 단기에 많은 고객을 모집할 수 있었던 것은 공인인증서를 사용하지 않도록 시스템과 운영 정책을 바꾸었기 때문이다.

디지털 트랜스포메이션 과제의 사용자 경험 프로세스는 이러한 3가지가 모두 진행되어야 한다. 각각의 활동을 더블 디자인 다이아몬드에 배치하면 위 그림과 같다. 발견discover 단계에서는 현재의 시스템에서의 고객과 직원 경험을 파악하고 경쟁사가 제공하는 경험과 관련된 비즈니스 사례를 파악하고 이해당사자를 파악하면서 업무를 분석한다. 이런 활동을 통해서 디지털 트랜스포메이션 과제에 대해 이해한다. 특히 고객 경험의 문제점이 왜 해결되지 못하고 있는지, 직원들은 왜 효율적이지 않은 방법으로 일하고 있는지, 현재의 시스템이 가진 한계는 어떤 것인지, 서로 어떤 관계를 맺는지를 파악해야 한다.

정의define 단계에서는 발견 단계에서 파악한 정보를 바탕으로 통찰해(단순히 불편 사항과 요구 사항을 해결하는 것을 넘어서) 고객과 직원 경험에서 해결해야 할 문제를 정의하고 달성해야 할 목표를 수립한다. 고객과 직원 경험 그리고 시스템과 업무 프로세스는 서로 연관되어 있기에 총체적으로 정리해야 한다. 발전develop 단계에서는 경험을 개선할 아이디어를 만들고 이를 프로토타이핑하고 검증하는 활동을 반복하며 시스템과 업무 프로세스를 개편할 방안을 수립한다. 전달deliver 단계에서는 아이디어와 방안을 구체화하여 정리한다.

이 프로세스는 일반적인 사용자 경험 디자인 프로세스나 서비스 프로세스와 유사하다고 생각할 수도 있고 또 아주 다르다고 생각할 수도 있다. 오히려 이 책에서 소개하는 디지털 트랜스포메이션 사용자 경험 프로세스는 일반적인 디자인 프로세스, 서비스 프로세스, 그리고 프로세스 혁신 프로세스가 합쳐진 형태이다. 결국 소개한 프로세스가 중요한 것이 아니라 고객·직원 경험, 그리고 업무 프로세스 모두를 고려하는 관점을 가지는 것이 가장 중요하다. 이 관점을 통해 디지털 트랜스포메이션을 성공시키는 경험을 기획할 수 있기 때문이다.

한 사례를 통해 이 프로세스를 설명해보겠다. 국내 유명 호텔 법인과 과제를 진행한 적이 있다. 그 과제의 목표는 IT 기술을 활용하여 호텔 서비스를 혁신하는 것이었다. 호텔은 이미 오랜 기간 웹사이트와 모바일 앱을 활용하여 고객 경험을 혁신하려고 노력해왔지만 그다지 효과를 보지 못했다. 오히려 IT에 투자한 만큼의 가치가 나오지 않는다고 걱정이 많았다.

　이 사례에 대해 본격적으로 설명하기 전에 관련하여 호텔 업종에서 잘 알려진 서비스 디자인 일화를 소개하겠다. 한 호텔에서 재방문 고객을 알아보는 기능을 만들고자 했다. 유명 컨설팅 회사에 프로젝트를 의뢰한 결과 카운터에 카메라를 설치하고 안면 인식 인공지능 소프트웨어와 서버를 설치하는 개발안이 만들어졌다. 개발 비용은 수억 원이 나왔다고 한다. 반면에 큰 비용을 들이지 않고도 재방문 고객을 아주 잘 알아보는 한 호텔이 있다. 그들의 노하우는 택시 기사에게 약간의 수고비를 주고 손님이 첫 방문인지 재방문인지 알아보게 하는 방식이었다. 이 호텔은 비즈니스 호텔이어서 공항에서 출발하는 손님이 많았다. 택시 기사는 목적지가 그 호텔인 경우 "이 호텔은 처음이신가요?"라고 물었다고 한다. 즉 하나는 막대한 예산을 쓰지 않더라도 서비스를 혁신하는 아이디어들을 경험 관점으로 찾아보고 뒷받침하는 IT 기술을 정의하는 것이고 다른 하나는 새롭게 가능해진 또는 곧 가능해질 IT 기술을 활용하여 서비스를 혁신하는 아이디어를 찾는 것이 사례로 든 그 과제의 접근 방법이었다.

　다시 사례로 돌아와서 가장 먼저 호텔의 타깃 고객에 대한 리서치를 진행하였다. 온라인 설문조사와 인터뷰를 하고 고객인 것처럼 서비스를 이용하는 방법인 서비스 사파리를 수행하였다. 동시에 호텔 직원과 인터뷰와 그룹 토론을 하고 직원을 따라다니면서 관찰하는 방법인 셰도잉을 진행하였다. 이 2가지 종류의 리서치를 진행하면서 찾은 발견점들을 정리하였다. 특히 고객의 불편 사항과 요구

고객 리서치와 직원 리서치의 발견점이 정리된 보드

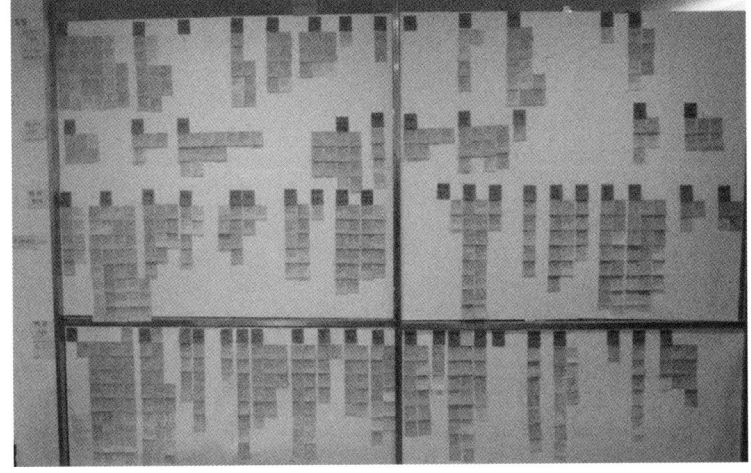

사항이 왜 발생하는지와 직원들은 어떤 업무를 어려워하고 어디서 실수가 발생하는지를 알아내는 것에 집중하였다.

고객의 불편 사항은 담요와 같은 요청한 물품이 빨리 방으로 배달되지 않는다는 것이나 샤워하는데 청소 담당자가 불쑥 방에 들어오는 것 등이었다. 직원들의 업무 환경과 관련된 내용은 직원 두세 명이 100여 개 객실의 요청을 다 해결해야 해서 실수가 자꾸 발생한다는 것, 청소 담당자들이 주어진 시간 안에 여러 방을 청소해야 하는 시간적 압박을 느끼는 것 등이었다. 제한된 시간과 인력으로 많은 업무를 처리해야 하는 상황에서는 설령 고객이 서비스 요청을 쉽게 할 수 있는 모바일 앱을 만든다고 해도 직원들의 업무 환경은 바뀌는 것이 없기 때문에 서비스 품질이 높아질 리가 거의 없다.

고객과 직원에 대한 리서치와 더불어 이해당사자를 파악하고 인터뷰를 진행했다. 이 호텔 경험 혁신 과제 대상자는 호텔 매니저와 호텔 IT 담당자, 예약 담당자, 호텔 입점사의 매니저가 선정됐다. 이 해당사자와 인터뷰한 결과 고객과 직원이 가진 문제 둘 다와 연관된다는 것을 발견할 수 있었다. 예를 들면 호텔 매니저는 비용 절감이 중요한 목표였다. 그는 방마다 기본으로 지급되는 실내 슬리퍼 두 개를 혼자 온 손님에게는 하나만 지급하는 방안을 고민하고 있었다. 수건, 목욕 가운, 로션 등의 모든 어메니티도 마찬가지였다. 또한 가능한 한 많은 손님이 호텔 내의 식당과 매장을 이용하게 하는 것이 목표였다. 예약 담당자와의 인터뷰에서는 현재 호텔에서 사용하는 제품의 한계를 파악했다. 예를 들어 한국어가 지원되지 않아서 한국인 예약자 이름을 영어로 바꿔서 넣고 있는데 영어 스펠링을 규칙에 맞춰서 넣지 않으면 다른 직원이 손님 이름을 검색하지 못하는 문제 등이 있었다. 이런 결과를 보면서 기존에 수행한 디지털 트랜스포메이션 과제들은 호텔 매니저가 가진 문제와 일치된 방향으로 추진되지 않았음을 알게 되었다.

그 후 우리는 고객과 직원의 여정 지도를 함께 작성하였다. 예약과 호텔 도착부터 호텔을 떠날 때까지의 고객과 직원의 활동을 정리하고 각 활동에서 고객과 직원이 느끼는 불편 사항과 요구 사항을 정리했다. 이렇게 고객과 직원의 경험을 면밀하게 들여다보면서 기존 시스템과 고객 채널이 해결하지 못하는 고객과 직원의 불편 사항과 요구 사항을 파악했다. 또한 이 과정에서 고객과 직원 경험을 개선할 수 있는 여러 아이디어가 나왔다.

고객 리서치를 정리하여 4가지 페르소나와 직원들의 업무 역할별로 관리자와 부서별 실무자를 정의하였다. 또한 고객과 직원 경험과 업무 프로세스 개선에 관한 114개의 아이디어를 발굴하였다.

호텔 경험 혁신 과제에서 작성한 고객과 직원의 여정 지도

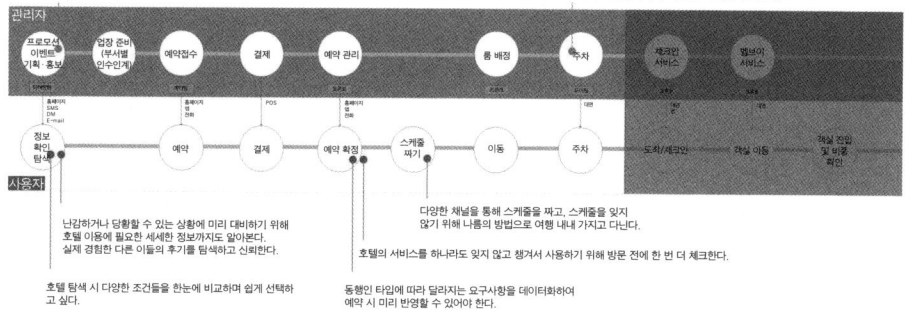
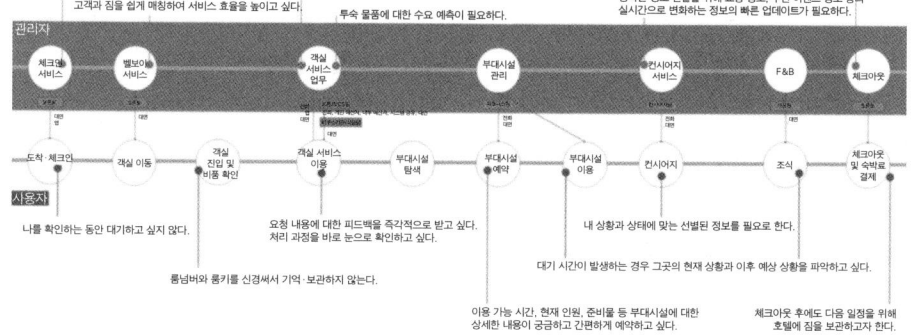
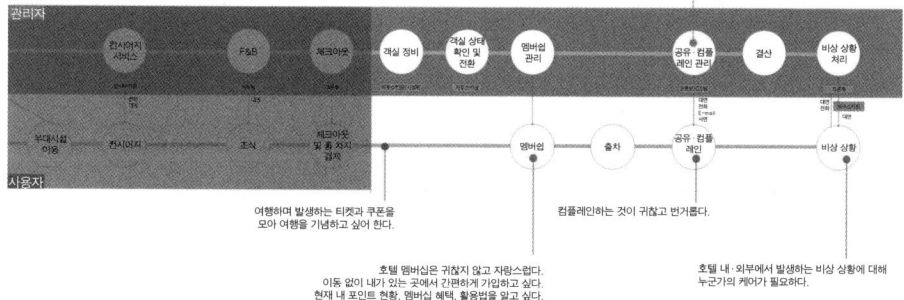

아이디어가 경험 전략으로 정리되는 과정

발견 단계에서 발굴된 아이디어 / 총체적 경험 관점으로 아이디어 정렬 / 경험 원칙과 전략 수립

이 아이디어들을 고객과 직원의 여정 지도에 배치하면서 가장 효과가 좋은 것으로 보이는 아이디어의 조합들을 선정하였다. 이 과정은 위의 그림처럼 정리할 수 있다. 즉, 총체적 경험 관점으로 발굴한 아이디어 중 의미 있는 아이디어들을 선정하고 정렬한다. 유사한 아이디어들은 그룹으로 묶어 사용자 경험 콘셉트로 정리하고 더 나은 아이디어로 확장하는 것이다. 그리고 이 과정을 통해 미래의 고객 경험이 가져야 하는 원칙과 전략을 수립하게 된다.

이 과제에서 경험 전략은 다음과 같이 정리되었다.

1. 모바일 룸키나 앱을 통한 컨시어지 서비스 요청 등은 기본 기능이다. 따라서 기능이 중요한 게 아니라 고객이 감동할 만한 와우 경험 수준으로 올린다.
2. 고객 요청에 대한 실시간 피드백, 미리 알아서 제공하는 서비스가 필요하다.
3. 기존 아날로그 방식의 직원 업무를 개선하여 업무 생산성을 높임으로써 고객 경험을 높인다.
4. 호텔의 비즈니스 목표인 잠재 불만 미리 없애기, 비용 절감과

일치하는 방향으로 개선되어야 한다.

이후 발전 단계에서 이 전략에 맞는 아이디어들을 발굴하는 작업을 진행했다. 앞 단계에서 발굴한 아이디어들을 정련하고 전략에 맞는 아이디어들을 추가로 발굴하였다. 그 후에 고객과 직원 경험을 스토리로 정리하면서 고객과 직원 채널의 사용자 경험을 프로토타이핑하고 검증하는 작업을 반복하였다. 선정된 스토리와 사용자 경험은 다음의 그림처럼 정리하여 미래의 고객·직원 경험을 시각화하였다. 그리고 이런 경험을 제공하기 위한 시스템 구성요소와 운영 방식을 정의하였다.

다음 페이지의 그림은 기업 출장자가 호텔이 제공하는 서비스로 예약하고 공항에서 택시를 호출해서 탑승하면 호텔 측에서 어느 회사의 누구인지를 알게 되어 그에 맞는 응대를 할 수 있게 되는 스토리이다. 등장인물은 기업 출장자, 프런트 직원, 도어맨이며 관련된 시스템은 호텔 예약 시스템과 이와 연계된 택시 호출 시스템, 투숙객 관리 시스템이다. 고객, 직원, 그리고 시스템의 유기적 연결을 통해 출장 중 호텔 도착까지의 경험을 매끄럽게 제공하는 스토리이다. 출장자가 호텔에 도착했을 때 도어맨과 프런트 직원이 고객이 누군지를 알아보는 것이 와우 경험이 된다.

시각화된 미래의 고객·직원 경험은 그 자체로 큰 힘이 있다. 우선 매끄럽지 않은 경험이 있는지, 다른 상황은 어떤 것이 있을 수 있는지, 또한 와우 경험을 제공하는지를 스스로 검증하게 된다. 사용자를 대상으로 검증하고 실제적인 문제를 찾게 되어 좀 더 명확한 경험을 기획할 수 있게 된다. 무엇보다도 경영진을 설득할 수 있는 구

미래의 고객·직원 경험 스토리와 사용자 경험 프로토타입

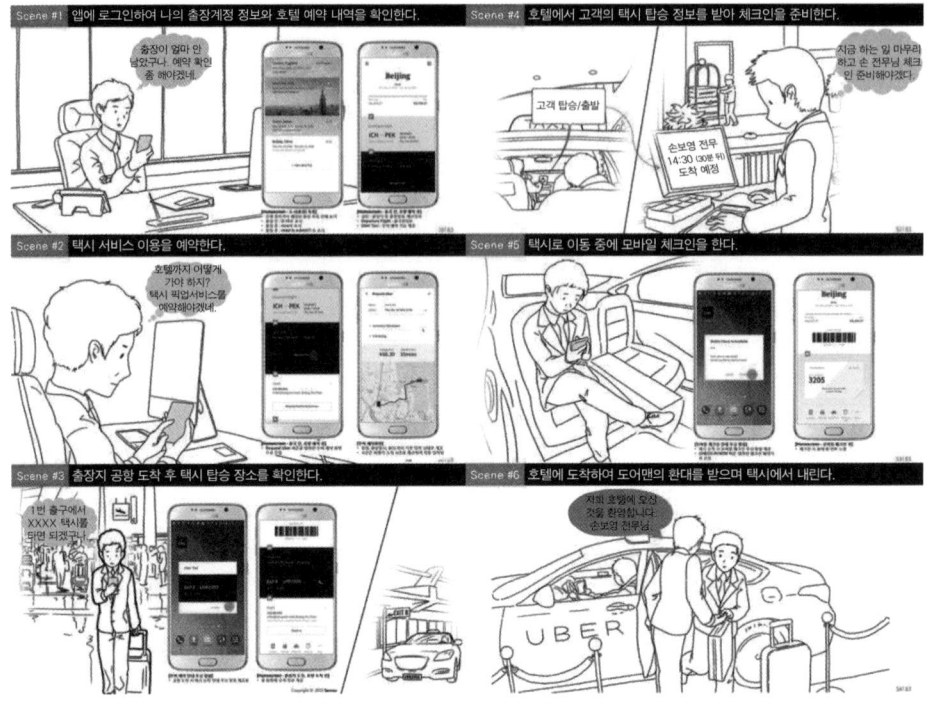

호텔 예약과 택시 호출 기능을 하나의 앱에 탑재하면 호텔에서 도착한 손님을 알아보고 응대할 수 있게 된다.

체적인 자료가 된다. 나는 많은 기획안이 숫자와 다이어그램으로 채운 보고서 형태로 제공되고 경영진이 이런 보고서를 보면서 의사 결정을 할 수 있다는 것 자체가 항상 놀라웠다. 하지만 그 놀라움은 이내 실망으로 바뀌곤 했다. 그 이유는 각자 상상하는 것이 달랐기 때문임을 나중에 알게 되었다. 이럴 때 과제 최종 보고에서 "내가 말한 건 이게 아닌데……."라는 코멘트를 많이 듣는다. 시각화된 경험의 가장 큰 장점은 과제에 참여한 모든 사람이 동일한 생각을 가지게 된다는 것이다.

시각화 과정은 더블 다이아몬드 프로세스에서 전달 단계 초반에 위치한다. 그 후에는 과제의 성격에 따라 산출물이 달라진다. 무엇을 디지털 트랜스포메이션을 할 것인가 과제에서는 고객·직원 경험 전략과 사용자 경험 프로토타입이 제작된다. 당장 적용 가능한 기능과 나중에 적용 가능한 기능을 정리하는 사용자 경험 로드맵을 작성하는 정도에서 과제가 종료된다. 반면 어떻게 디지털 트랜스포메이션을 할 것인가 과제에서는 고객 채널과 직원 채널의 모든 사용자 인터페이스가 기획되고 디자인되며 개발용 리소스를 만들고 개발자들과 소통하면서 개발 과제와 연결된다. 고객과 직원 대상의 사용성 평가가 진행되기도 한다.

5
경험 중심으로
전략과 실행이 연결돼야 한다

　더블 다이아몬드 모델은 사용자 경험 프로세스의 원형이며 과제의 성격과 상황에 따라 여러 형태로 변형될 수 있다. 무엇을 디지털 트랜스포메이션을 할 것인지를 찾는 과제와 어떻게 할 것인지를 구체화하는 과제의 프로세스는 거의 동일하다. 가장 큰 차이점은 두 다이아몬드의 크기이다. 디지털 트랜스포메이션 전략 과제에서는 발견 단계에 더 많은 인력과 시간을 사용한다. 많은 고객과 직원을 만나야 하고 총체적 경험을 혁신할 더 많은 가설과 아이디어를 만들어야 한다. 반면 발전 단계와 전달 단계는 짧게 진행된다. 스토리, 사용자 경험 프로토타입, 사용자 경험 로드맵이 정리되며 경영진에게 설득력 있는 산출물을 만드는 것에 목적을 둔다. 그러기 위해 무엇을 디지털 트랜스포메이션할 것인지를 찾는 전략 과제는 최소 3~4개월의 기간을 요구한다. 한두 달 만에 찾을 수 있다면 좋겠지

전략과 실행 과제의 더블 다이아몬드 모델

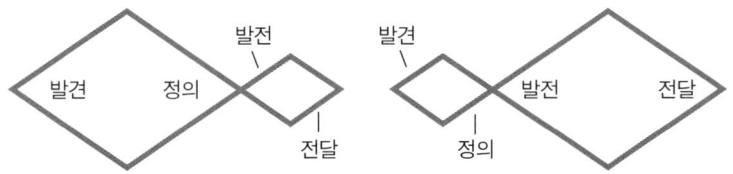

전략 과제는 왼쪽 다이아몬드가 크고, 실행 과제는 오른쪽 다이아몬드가 큰 경향이 있다.

만 불가능하다.

반면 디지털 트랜스포메이션 실행 과제에서는 고객과 직원 경험을 구체화하고 이를 기획하는 두 번째 다이아몬드에 더 많은 시간과 노력을 투입한다. 그러기 위해 발견 단계는 주어진 시간만큼만 빠르게 해야 하는 경우가 대부분이다. 실제로 "사용자 경험 기획에 6개월이 필요하니 경험 전략 수립은 한 달 만에 해주세요." "보고서에 넣어야 하니 스토리랑 화면부터 그려주세요."와 같은 요구를 듣게 된다.

일반적으로 디지털 트랜스포메이션 실행 과제는 전략 부서 또는 컨설팅 회사에서 작성한 전략 보고서를 가지고 시작한다. 이 보고서가 정확하고 충분하게 작성되어 있다면 고객·직원 경험 전략을 수립하고 구체화하는 과정은 정상적으로 진행된다. 하지만 보고서가 잘못된 경우 과제는 소위 말해 산으로 간다. 경험 전략을 수립하고 구체화하는 과정에서 목표로 한 고객·직원 경험이 제공되기 어렵다는 것을 알게 되기 때문이다. 4장에서 소개한 가전회사, 통신사, 제조회사의 실패한 디지털 트랜스포메이션 과제는 실제로는 잘못된 전략이 수립되었기 때문이다. 이 경우 전략 수립을 다시 하는 것이 가장 좋다. 하지만 큰 회사에서는 정치적인 이유로 전략 재수립은 거의 진행되지 않는 것이 현실이다. 결국 그 상품은 시장에 출시되고 무엇 때문에 잘못되었는지에 대해 서로를 지적하는 상황이 벌어지고는 한다.

 세상의 모든 전략과 실행이 동전의 양면 관계인 것처럼 디지털 트랜스포메이션의 전략과 실행도 동전의 양면 관계이다. 사용자 경험 분야에서는 사용자 경험 전략과 사용자 경험 디자인의 관계로 오랫동안 논의되어온 주제이다. 사용자 경험이 디자인을 담당하는 것으로 아는 사람들이 많지만 전략부터 참여해야 성공적인 경험을 제공할 수 있다는 것이 알려지기 시작했다. 실제로 유명 디자인 기업들은 디자인에 중점을 두는 것이 아니라 전략에 중점을 둔다. 앞에서 소개한 아이디오의 암트랙 사례가 가장 전형적인 사례이다. 아이디오는 암트랙이 가져온 전략을 다시 수정하는 과제를 먼저 하고 디자인 과제를 하자고 하였다. 휴먼팩터스인터내셔널Human Factors International의 에릭 셰퍼Eric Schaffer 박사는 "사용할 수 있지만 잘못 기획된 상품을 만들지 말자Don't build usable wrong thing."라고 하면서 사용자 경험 전략의 중요성을 강조하였다.[24]

 그렇다고 사용자 경험 전문가들이 디지털 트랜스포메이션의 전략 과제를 담당하기는 현실적으로 쉽지 않다. 해당 도메인에 대해 충분히 이해하지 못하거나 컨설팅 역량을 가진 사용자 경험 전문가가 많지 않기 때문이다. 가장 바람직한 것은 전략 부서의 담당자 또는 컨설턴트가 고객·직원 경험 관점을 가지는 것 또는 전략 수립 단계에 사용자 경험 전문가가 함께 참여하는 것이다. 이것이 많은 컨설팅 기업들이 경험 디자인 역량을 가진 회사들을 인수하는 이유이다.

식당 예약 앱의 5단계별 고객 퍼널 전문가 검증 사례

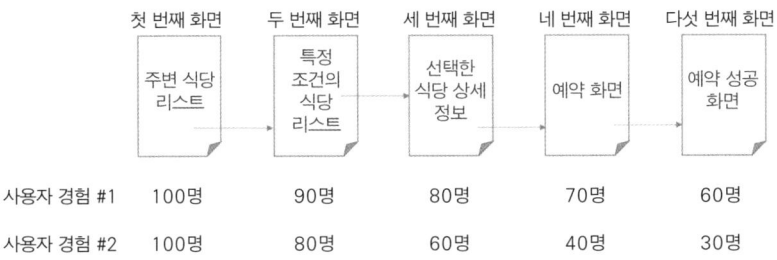

다른 방법도 있다. 전략 보고서를 고객·직원 경험 관점으로 검증하는 것이다. 여러 상품을 기획하고 출시하여 고객·직원의 피드백을 받아본 사용자 경험 전문가들은 전략 보고서와 상위 기획을 보고 사용자의 반응을 예상할 수 있는 역량이 있다. 경험이 많은 사용자 경험 전문가는 고객·직원 경험의 단계마다 얼마만큼의 어려움을 겪을지를 예상할 수 있기 때문에 몇 명이 해당 단계를 성공적으로 수행할 수 있을지 예상할 수 있다. 사용자 경험에서는 이를 사용성 전문가 검증UEE, usability expert evaluation으로 부른다. 예를 들어 웹사이트의 첫 화면에 100명의 사용자가 도착했다고 할 때 두 번째 화면으로 90명이 이동할지, 80명이 이동할지 예상할 수 있는 것이다. 앱이 제공하는 사용자 목표의 단계가 5단계, 가령 근처에서 원하는 식당을 찾아서 예약하는 것과 같은 5단계 100명의 사용자 중 몇 명이 목표를 달성할 수 있을지를 예상할 수 있다.

이러한 논의는 상품의 '사용성' 관점인데 상품의 성공을 위해서는 '서비스 활성화' 관점이 추가되어야 한다. 즉 얼마나 많은 사용자가 해당 상품을 사용할 것인지를 검증해야 한다. 웹사이트에 100명이 방문한 것을 가정하였다고 해보자. 그런데 서비스 활성화가 잘되어 있다면 이 웹사이트의 방문자는 200명이 될 수도 있기 때문이다. 또한 100명 중 한 번만 방문하는 사용자가 50명이라면 서비스 활성화 관점으로 기획을 하면 재방문하는 사용자가 50명에서 70명으로 늘어날 수도 있다.

반대로 서비스 활성화 관점으로 기획되지 않은 사례들도 많다. 안타깝게도 대부분의 신규 기획들은 서비스 활성화 방안이 부실하거나 서비스 활성화 방안은 없이 서비스가 활성화되었을 때의 고객 가치를 열심히 기획하는 경향이 강하다. 그러나 많은 고객이 다른 사람이 올린 제품 사용 후기를 보기 위해 가입한다는 기획안에 제품 사용 후기를 어떻게 충분히 모을지는 담겨 있지 않다. 네이버나 카카오처럼 서비스 플랫폼을 이미 가진 기업들의 상품이 시장에서 성공하기 쉬운 것은 서비스 활성화를 위한 노력이 훨씬 적게 들기 때문이다. 또한 상당한 사용자 수를 가진 상품들도 서비스 활성화를 하기가 훨씬 쉽다.

실제로 비즈니스 관점으로 보자면 사용성을 올리는 것보다 서비스 활성화가 더 중요한 경우가 많다. 여러 기업에서 이미 사용자 경험 전문가들은 서비스 활성화에 기여하는 활동을 하고 있다. 고객의 재방문을 높이기 위한 사용자 경험 개선, 여러 맥락으로 서비스에 진입하는 고객에 맞는 콘텐츠 기획, 내비게이션 설계, 지속적인 서비스 사용을 유도하기 위한 초기 경험 설계 등이 있다. 예를 들어 내가 참여한 T맵 4.4의 개편 목표는 방문자 수를 늘리는 것이었다. 그런데 데이터 분석 결과 주말 방문자 수는 꾸준히 늘어나는 데 비해 평일 방문자 수는 상당히 적었다.

예컨대 출퇴근과 같이 잘 아는 곳에 갈 때는 T맵을 사용하지 않

T맵 4.4 모바일 화면

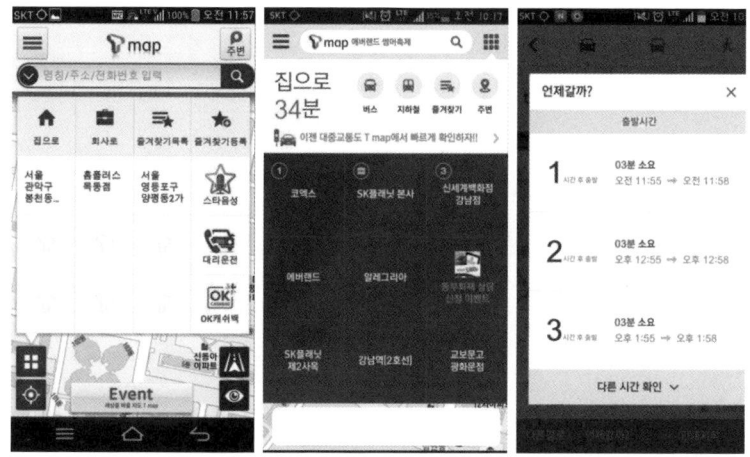

서비스 활성화를 위해 이전 버전(왼쪽)에는 없던 집까지 소요 시간을 첫 화면에 표시하였다(가운데 그림). 그 결과 평일 고객 방문자 수가 증가하였다. 또한 언제 출발하는 게 가장 좋을지에 대한 의사결정을 돕는 '언제 갈까?'가 추가되었다(오른쪽).

는 고객이 많았다. 평일에 고객이 방문하게 할 아이디어들이 탐색되었다. 그중 출근 시에는 회사까지 얼마나 걸리는지, 퇴근 시에는 집까지 얼마나 걸리는지를 첫 화면에 보여주는 아이디어가 채택되었고 그 결과 평일 방문자 수가 수백만 명이 증가하였다. 또한 '언제 갈까?'가 기획되어서 평일에 언제 퇴근할지와 주말에 놀러 가서 언제 집으로 출발할지 정하는 의사결정을 원클릭으로 할 수 있게 되어 방문자를 늘리는 데 기여했다.

사용성 관점이 상품 내부에 한정된 사용자 활동이라면 서비스 활성화 관점은 상품 외부에서의 사용자 활동과 함께 고려하는 것이다. 페이스북이나 인스타그램 홍보를 통해 골목길의 식당들도 고객을 모으고 있는 것, 오프라인 매장에서 앱을 통해 할인 쿠폰을 받는 등 여러 고객 채널들을 활용하는 것은 모두 서비스 활성화를 위한

서비스 활성화 관점의 경험과 사용성 관점의 경험

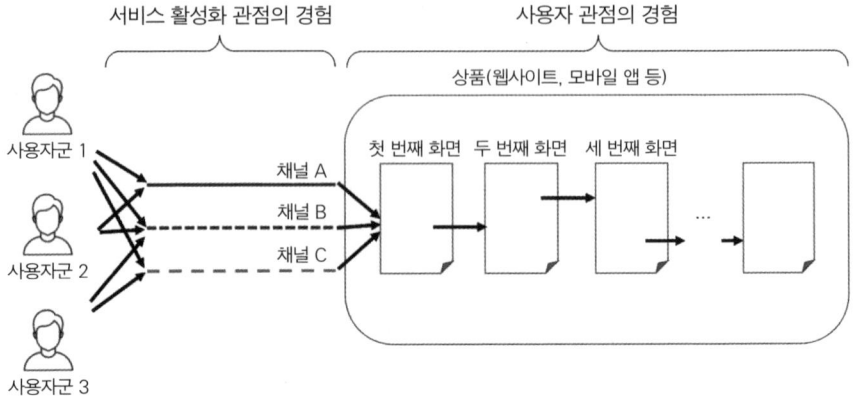

활동들이다. 매장에 온 손님들에게 만족할 경험을 주는 것이 사용성 관점의 경험이라면 매장에 손님들이 많이 오게 하는 것은 서비스 활성화 관점의 경험이다. 이 두 가지는 서로 밀접한 인과관계를 가지며 앞에 소개한 사용성 전문가 검증처럼 서비스 활성화가 얼마나 될지 예상할 수 있다.

위의 그림에서 보듯 3개의 사용자군과 서비스 활성화에 사용되고 있는 3개의 채널이 있다고 하면 각 사용자군과 각 채널에 대해 얼마나 매끄러운 경험을 제공하고 있는지를 보면서 얼마만큼의 사용자가 해당 채널을 통해 상품을 사용하는지를 예상할 수 있다. 모바일 서비스 분야에는 검색 광고나 특정 웹사이트의 광고 효과, 발송한 문자 메시지와 이메일의 효과, 소셜 네트워크 서비스의 광고 효과 등이 측정된다. 심지어 이전에 방문한 다른 웹사이트도 파악해서 방문자의 연령과 성별 등을 알아내기도 한다. 실제로 채널을 통한 사용자 유입은 많은 데이터가 존재하며 전문가들은 현재의 채널이 제공하는 경험이 얼마나 효과적일지를 예상할 수 있다.

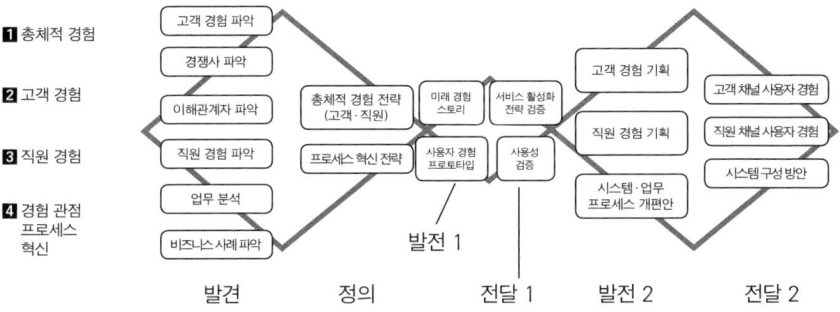

경험 관점으로 연결된 디지털 트랜스포메이션 전략 과제와 실행 과제

전략 담당자나 컨설턴트의 보고서를 고객·직원 경험 관점으로 검증해서 큰 비용이 들어가는 디지털 트랜스포메이션 개발 과제를 진행할지 결정하는 일은 중요하다. 개발 과제에는 보통 수십억에서 수백억 원이라는 큰 비용이 들어가기 때문이다. 위의 그림처럼 무엇을 디지털 트랜스포메이션을 할지를 정한 후 미래의 고객과 직원의 경험에 대한 스토리와 사용자 경험 프로토타입을 만들고 서비스 활성화 관점과 사용성 관점의 경험에 대해 검증을 하면 디지털 트랜스포메이션이 성공할지 아닐지 알 수 있다.

최근에는 애자일Agile 개발과 함께 린Lean 사용자 경험이 주목을 받고 있다. 린으로 진행될 때 더블 다이아몬드 모델은 다음의 그림과 같이 변형된다. 즉 오른쪽 다이아몬드가 여러 개의 작은 다이아몬드로 나뉜다. 여기서 작은 다이아몬드 하나는 스프린트에 해당한다. 작업 단위별로 최적의 고객·직원 경험이 무엇인지를 빠르게 탐색하고 적용하는 것을 반복하는 것이다.

작은 서비스를 린으로 기획하고 개발하는 것은 매우 좋다고 생각한다. 그러나 대규모로 진행되는 디지털 트랜스포메이션 과제에서

린 개발 프로세스의 디자인 다이아몬드 모델

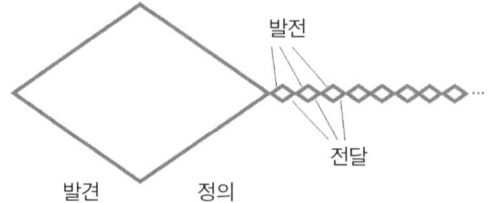

스프린트별로 발견 단계와 전달 단계가 진행된다.

고객·직원 경험의 기획을 린으로 진행하는 것은 바람직하지 않다고 판단된다.

첫 번째 이유는 큰 과제일수록 경험 전략과 시스템 개편 전략 수립이 중요하기 때문이다. 빠르게 만들면서 진행하면 전략이 필요 없다고 생각하는 경향이 있다. 전략이 없으면 나중에 진행될 스프린트는 쓸데없는 것을 만들거나 계속 재작업을 해야 할 가능성이 커진다.

두 번째 이유는 디지털 트랜스포메이션 과제에서는 여러 고객, 여러 직원, 그리고 여러 고객 채널과 여러 직원 채널이 관련된다. 따라서 그들을 총체적 차원에서 조화롭게 정리하는 것이 중요한데 이를 스프린트 단위로 쪼개서 지엽적으로 정리하기 때문이다.

마지막으로 디지털 트랜스포메이션 전략 단계에서 수립한 상품 가치product value가 이후 개발 과정에서 손상되지 않도록 하는 것을 언급하고 싶다. 다음의 그림은 개발 프로세스상에서의 상품 가치의 변화를 보여준다. 전략 수립 후 작성된 문서의 상품 가치가 100점이라면 그 문서를 기반으로 기획된 사용자 경험 디자인은 보통 80~120점의 가치를 가진다. 디자인 과정을 통해 상품의 가치가 올

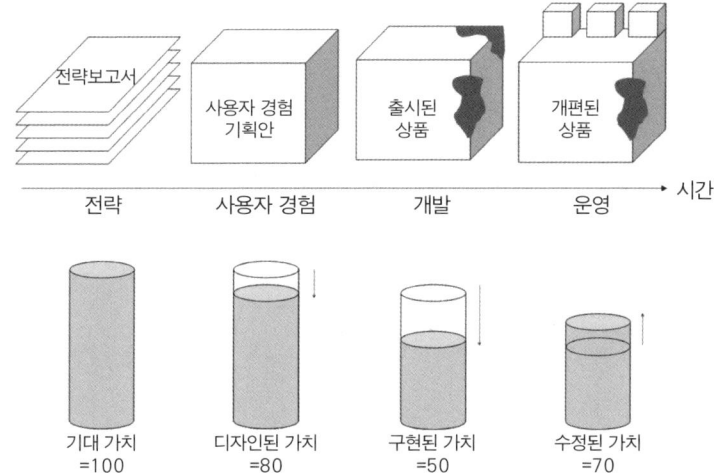

상품 개발 프로세스에서의 상품 가치의 변화

전략 보고서의 기대 가치는 사용자 경험 기획 과정과 개발 과정을 통해 계속 낮아지는 성향을 보인다. 또한 출시 후 기능 추가를 통해 상품 가치를 다시 끌어올린다. (출처: 이동석, 『전략적 UX 디자인으로 성장하라』, 프리렉, 2013)

라가는 경우도 있다. 예컨대 고객·직원 경험을 면밀하게 보다가 새로운 터치포인트를 발견하는 경우이다. 하지만 나빠지는 경우도 있다. 역량이 떨어지는 사용자 경험 담당자가 맡았다거나 전략이 부족한 경우처럼 말이다.

그런데 개발이 진행되면서 상품 가치는 대부분 낮아지게 된다. 일정 기간 안에 구현이 어려운 경우가 가장 많고 소프트웨어 개발의 편의를 위해서 고객·직원 경험이 희생되는 경우도 많다. 결국 전략 보고서의 상품 가치는 100점이었는데 개발돼 출시된 상품 가치는 50~70점인 경우가 자주 생긴다. 출시 후 사용자의 피드백을 받으면서 다시 개편하고 기능을 추가하면서 상품 가치는 약간 상승하게 된다.

개발 과정에서 전략 보고서에 기술된 만큼의 상품 가치를 떨어뜨리지 않으려면 개발 과정에서 발생하는 모든 의사결정을 고객·직원 경험 관점으로 내려야 한다. 또한 모든 참여자들이 과제의 목표가 고객·직원 경험을 혁신하는 것임을 이해해야 한다. 이를 가장 잘 하는 기업은 애플이다. 애플은 모든 의사결정에서 고객·직원 경험을 가장 우선순위에 둔다. 그러기 위해서 출시일을 연기하고 더 나은 기술을 찾아서 적용하고 비즈니스 모델을 변경하기도 한다. 이러한 내용은 아이팟 개발 스토리에 잘 나와 있다. 조직 관점으로는 프러덕트 매니저product manager·product owner가 필요하다. 디지털 트랜스포메이션 과제의 전략 수립은 전략 부서에서 관할하고 실행은 개발 부서에서 담당하면 상품 가치의 관점과 고객·직원 경험의 관점으로 일관된 의사결정을 내리기가 매우 어렵다.

정리

- 디지털 트랜스포메이션 과제에서 고객이 사용하는 소프트웨어는 심플한 경험 제공이 목적이며 직원이 사용하는 소프트웨어는 업무 생산성 혁신이 목적이다.
- 직원 경험에서 고려해야 할 디자인 원칙은 이미 1990년대에 정리되었다. 소비재 제품의 기획과 다른 점은 업무 분석이 필요하다는 것과 프로세스 혁신 관점이 추가되는 것이다.
- 사용자 경험 전문가들은 컨설턴트와는 다른 관점으로 프로세스 혁신을 한다. 경험 관점으로 문제를 정의하고 해결하고 고객·직원 여정 지도를 훨씬 더 면밀하게 파악하고 좀 더 창의적인 아이디어와 해결안을 제시한다.
- 경험 중심 디지털 트랜스포메이션은 ① 총체적 경험 관점의 혁신을 발굴하고 ② 심플한 고객 경험과 ③ 업무 생산성이 극대화된 직원 경험과 ④ 고객 경험과 직원 경험 모두의 관점으로 프로세스를 최적화하는 것이다.
- 디지털 트랜스포메이션 과제의 전략과 개발의 간극은 전략 단계에서 미래의 경험을 정의하고 프로토타입으로 검증하여 극복할 수 있다. 특히 고객 경험의 검증은 서비스 활성화의 관점과 사용성 관점으로 수행되어야 한다.

6장

디지털 트랜스포메이션에서 인공지능과 데이터는 어떻게 활용되는가

1
사용자 경험에서 인공지능의 역할이 중요해졌다

디지털 트랜스포메이션은 기업이 추진하는 혁신 활동으로 클라우드, 사물인터넷, 인공지능, 빅데이터, 가상현실, 데이터 애널리틱스 등의 방대한 디지털 기술을 활용한다. 기업은 최적의 디지털 기술을 활용하여 고객 경험과 직원의 일하는 방식을 혁신한다. 시간과 공간의 제약으로 불가능했던 일을 클릭 몇 번으로 처리할 수도 있다. 대규모 인원이 동원되어 몇 개월 동안 하던 일을 몇 명만으로 아주 짧은 시간에 처리할 수도 있다. 또 많은 데이터를 모으고 인공지능 엔진을 만들어서 지속적으로 학습시켜 경영에 활용하기도 한다.

여러 디지털 기술 중 고객·직원 경험과 가장 밀접하게 연결되는 것은 인공지능이다. 전기의 발견이 2차 산업혁명을 일으킨 것과 같이 인공지능은 세상을 바꾸고 있다. 문법 오류를 고치고 더 적당한 단어를 찾아내고 슈퍼마켓 선반의 상품의 빈자리를 찾아내고 매장의 계산대 줄이 길어지면 알람을 울려서 직원을 추가하고 모기를 통해 전염되는 바이러스의 경로를 찾아내고 신용카드가 평소와 다른 곳에서 사용되는 것을 찾아내고 안구의 미세출혈을 감지하고 항공사진으로 상하수도 누수 구간을 찾아내고 특정 주제에서 새롭게 발표된 논문들을 자동으로 다운로드할 수도 있다.

딥러닝이 발견되기 전 인공지능의 역할이 지금처럼 효과적이지 않았던 2000년대까지는 인공지능은 부수적이고 지원하는 용도로만 썼다. 음성 인식으로 전화 걸기, 완전 자동으로 세탁하기, 자율 주행으로 운전하기 등은 마케팅 광고에 내세우는 용도였지 고객·직원 경험에서는 추천 목록 중의 일부와 부수적인 옵션 등으로 처리하는 것이 옳은 방향이었다. 예를 들어 화면에 음성 인식을 넣는 것은 가능했지만 성공률이 높지 않았다. 그러다 보니 최근 목적지 리스트와 텍스트 입력을 더 중요하게 기획했다. 그런데 지금은 택시 기사들이 음성 인식으로 목적지를 입력한다. 택시 기사들이 이 기능을 사용한다는 것은 꽤 의미 있는 현상이다. 기사들은 평소 내비게이션의 길 안내를 잘 믿지 않을 정도로 신기술에 대한 수용도가 낮기 때문에 일반인들의 음성 인식에 대한 태도를 가장 잘 대변한다고 볼 수 있다. 또한 집 앞 나무에 카메라를 설치해서 창문으로 들어오는 침입자를 발견하고 휴대폰 카메라로 운전면허증을 찍으면 개인정보가 입력되고 제조 라인에서 불량품 데이터를 분석하여 높은 수율의 제조 방식을 찾아내고 있다.

이러한 인공지능이 활용되는 디지털 트랜스포메이션 과제에서 고객·직원 경험은 기본 모형이 바뀌게 된다. 즉 50쪽의 그림과 62

인공지능이 추가된 디지털 트랜스포메이션 사용자 경험 모델

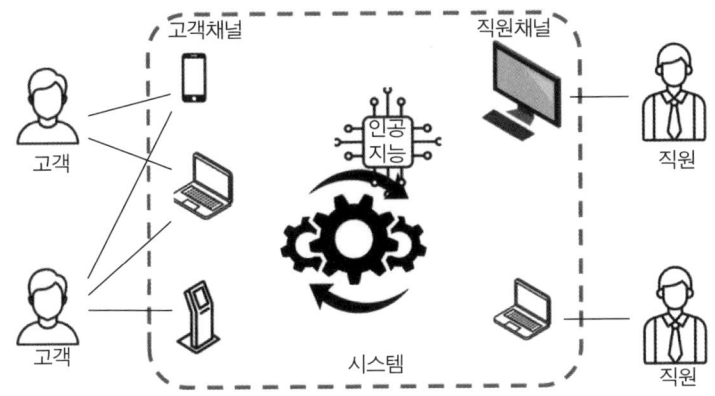

시스템의 일부로 인공지능이 포함되었다.

쪽의 그림에서 표현되는 사용자와 제품, 고객과 직원과 시스템으로는 충분하지 않고 인공지능이 추가되어야 한다. 인공지능은 음성 인식으로 목적지가 입력되는 것과 같이 고객의 입력 방식을 변화시킨다. 더 빠르게 갈 수 있는 길을 제시하거나 충돌을 방지하기 위해 자동 브레이크가 작동되는 것처럼 고객과 시스템의 인터랙션에 관여한다. 설정된 주제에 대한 새로운 논문을 다운로드하는 것과 같이 직원의 업무를 자동화한다. 또한 음성 통화에서 고객이 말한 주소지가 문서에 자동으로 입력되는 것처럼 직원이 더 효율적으로 업무를 수행하게 한다.

고객·직원 경험에 인공지능을 고려한다는 것은 사용자 경험 도구에도 반영되어야 한다. 첫째로 경험 지도에 인공지능이 추가되어야 한다. 위의 그림에는 인공지능 행이 추가되고 고객이 두 번째 행위에서 인공지능의 도움을 받은 것과 직원의 첫 번째 행위에서 인공

인공지능이 추가된 여정 지도

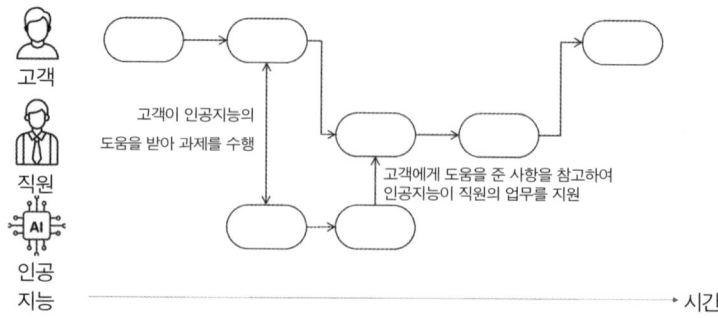

인공지능을 명시함으로써 고객과 직원의 경험을 어떻게 혁신할 수 있을지 생각하도록 돕는다.

지능의 지원을 받은 것이 표시되었다. 경험 지도는 현재의 고객·직원 경험을 모델링하는 것은 물론이고 미래의 고객·직원 경험을 혁신하는 아이디어를 만드는 데 사용된다. 여기에 인공지능을 명시적으로 추가함으로써 인공지능을 활용할 터치포인트를 새롭게 정의하고 아이디어를 발굴하는 데 도움이 된다.

마찬가지로 서비스 블루프린트Service Blueprint도 인공지능을 행에 추가할 수 있다. 서비스 블루프린트는 서비스 디자인 분야에서 자주 사용되는 도구이다. 고객 행동과 직원 행동, 백엔드 업무가 표시되어서 무형의 서비스가 운영되는 방식을 모델링한다(209쪽의 그림). 서비스 블루프린트는 여정 지도보다 더 자세한 수준으로 기술된다. 인공지능을 서비스 블루프린트에 추가함으로써 세부적인 인공지능의 활용을 기획하는 데 도움이 된다.

디자인 싱킹 워크숍에서 사용되는 도구들도 인공지능을 반영하여 진화하고 있다. 전통적인 롤 플레이role play에서는 각 참여자가 고객과 직원의 역할을 부여받고 하는 것으로 프로토타입 제작이나

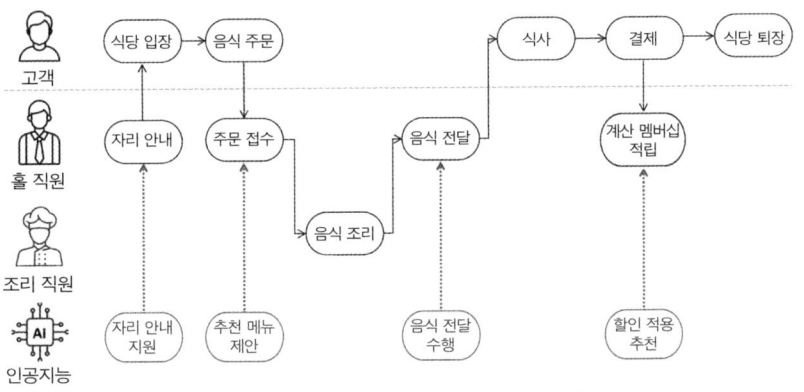

기존 서비스 운영 방식을 보면서 인공지능이 제공할 수 있는 기능을 탐색할 수 있다.

새로운 터치포인트와 아이디어 발굴을 진행한다. 인공지능을 고려한다면 역할자로 인공지능을 추가하면 된다. 어떤 상황에서 인공지능이 무엇을 해줄 수 있을지를 상상하게 하는 것이다. 가령 고객이 서비스 센터에 프린터를 들고 들어온다면 번호표를 뽑을 때 자동으로 프린터 수리 서비스가 신청된다.

공감 지도empathy map는 사용자(고객 또는 직원)의 행동과 태도에 대한 것을 정리하는 도구이다. 사용자가 생각하는 것이 무엇인지, 사용자가 느끼는 것은 어떤 것인지, 사용자가 말하고 행동하는 것은 무엇인지를 적는다. 필로소피Philosophie사의 크리스 버틀러Chris Butler는 2018년 오라일리 인공지능 콘퍼런스O'reilly AI Conference에서 인공지능을 고려한 공감 지도를 설명하였다. 이전 버전과의 가장 큰 차이점은 인공지능의 관점으로 감지하는sensing 것을 추가한 것이다. 인공지능이 세상에 대해 알기 위해서 취득하는 정보를 적도록 하였다. 사용자가 보고 듣는 것과 업무를 수행하기 위해 참조하

인공지능을 고려한 공감 지도

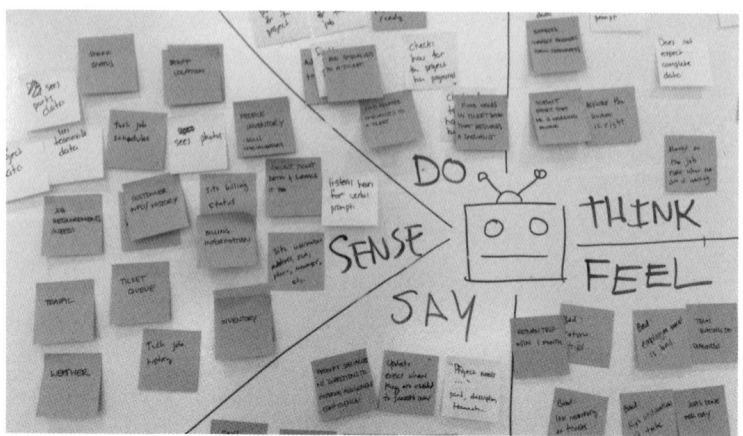

센스 영역이 추가되어서 인공지능의 활용을 찾는 것에 도움을 준다. (출처: Chiris Butler, Design Thinking for AI, O'Reilly AI Conference 2018)

는 데이터 등을 기술한다. 예를 들어 계산대에 있는 점원이 담당하는 계산 대기 줄에 몇 명이 있는지, 다른 줄은 어떤지를 계속 체크하는 것을 적는 것처럼 말이다. 그러면 인공지능이 할 수 있는 것을 찾는 것이 쉬워진다.

고객과 직원 경험을 기획하는 데 인공지능을 고려해야 하는 이유는 사람들의 태도가 바뀌었기 때문이다. 실제로 우리는 이제 상품에 대해 스마트해질 것을 명확하게 요구하고 있다. 사람들은 비효율적으로 움직이는 백화점 엘리베이터를 멍청하다고 하고 인터넷 연결에 문제가 있으면 와이파이를 답답해하고 자동차 내비게이션이 더 빠른 길로 안내하지 못하면 실망하고 단순한 일을 반복해야 하는 업무에 대해 짜증을 내게 되었다. 우리는 이미 시스템과 상품에게 스마트함을 요구하고 있다. 다시 말하자면 스마트함을 기대하는 것이다.

재규어사가 보행자를 위해 기획한 자율주행 자동차의 눈 맞춤

(출처: 유튜브)

인간-인공지능 관계 5단계

5단계 결합Bonding	사용자와의 인터랙션에서 주도적인 역할이 가능함
4단계 통합Integrating	중요한 기본 기능이며 인공지능이 디폴트를 제공함
3단계 심화Intensifying	자주 쓰는 기능으로 강조되며 여러 상황에서 사용 가능해야 함
2단계 실험Experimenting	보조적으로 사용되며 사용자의 다양한 요구를 수용할 수 있어야 함
1단계 시작Initiating	보조적인 정보로 제공되며 사용자가 원하면 사용할 수 있음

　위의 그림은 재규어사가 자율 주행 자동차를 개발하면서 횡단보도 보행자를 고려해서 기획한 눈 맞춤이다. 자율주행 자동차는 횡단보도 앞에 멈추어서 보행자가 길 건널 때까지 바라본다. 이 눈 맞춤을 통해서 자율주행 자동차는 보행자에게 안심해도 됨을 알려준다. 즉 기계가 인간과 커뮤니케이션하며 관계가 형성되고 있다.

　인공지능은 계속 발전할 것이므로 발전된 수준에 맞는 고객·직원과 인공지능 간에 관계가 형성되는 것이 중요하다. 사람들은 관계에 따라 다르게 행동하기 때문이다. 인간관계 발전 모델은 시작 initiating, 실험experimenting, 심화intensifying, 통합integrating, 결합bonding 의 5단계로 설명할 수 있는데[25] 인공지능에도 적용될 수 있다.

시작 단계에서 인공지능은 고객·직원에게 의미 있는 정보를 주거나 도움을 주어야 한다. 사용자 경험도 보조적인 형태로 제공되어야 하며 고객·직원의 과제 수행 과정을 방해하면 안 된다.

실험 단계에서 고객·직원은 인공지능이 여러 경우에 대해 작동되는지, 얼마나 믿을 수 있는지를 확인하는 여러 행동을 한다. 서비스 제공자는 고객·직원이 원하는 다양한 기능이 가능해야 한다. 최근 여러 회사가 챗봇을 도입하고 있으나 고객의 다양한 질문에 대답하지 못해 다시 시작 단계로 떨어진 경우가 많다. 반대로 음성으로 목적지를 입력하는 것은 실험 단계를 극복한 것으로 보인다.

심화 단계에서 인공지능은 기본 기능으로 강조되어야 하며 통합 단계에서 인공지능은 가장 중요한 기능으로 표현되어야 한다. 영화에 나오는 것처럼 전화기를 켜면 먼저 말을 걸고 사람은 원하는 것을 말하는 것이 그 예이다. 인공지능은 선제적으로 정보를 고객·직원에게 전달할 수 있으며 인공지능이 디폴트를 제안한다. 직원 경험에서 통합 단계의 인공지능이 활용된 사례는 앞서 설명한 IBM-애플의 비행기 조종사용 추가 급유량 입력 앱이 있다. 인공지능은 급유량을 결정하기 위해 입력해야 하는 4가지 정보 각각에 디폴트를 제공한다. 기장은 이 디폴트 정보를 신뢰하거나 조정할 수 있다.

마지막으로 인간과 인공지능 간의 결합 단계는 친한 친구나 배우자 같다. 공상과학 영화에 나오는 인간과 협업하는 로봇과의 관계라고 생각된다. 예를 들어 「아이언맨」의 자비스나 「스타워즈」의 R2D2

SAE가 정의한 자율주행 자동차 6단계

0단계	1단계	2단계	3단계	4단계	5단계
자율주행 없음	다리 작동 없음	손 작동 없음	눈 작동 없음	마음 작동 없음	운전자 없음

처럼 말이다. 즉 인공지능은 고객·직원의 과제 수행 과정에 언제든지 끼어들 수 있다.

최근 많은 연구가 진행된 자율주행 자동차도 6단계가 정의되어 있다. 0단계에서 인공지능은 보조적 정보를 제공하고 위급상황에 개입한다. 1단계는 운전자의 방향 조정 또는 가속·감속을 돕는다. 2단계는 방향 조정과 속도 조절을 동시에 하지만 운전은 아직 사람이 수행한다. 3단계 이상에서는 운전의 주체가 사람이 아니라 자동차가 된다. 3단계는 조건적 자동운전으로 특정 조건에서는 인공지능이 운전하지만 그 외 상황에서는 사람이 운전한다. 4단계는 대부분 인공지능이 운전하지만 예외 상황 발생 시 사람이 운전한다. 5단계는 완전 자동화된 자율 주행을 의미한다.

자동차 회사들은 단계를 높이기 위해서 여러 노력을 하고 있고 고객 경험이 어떻게 변화되어야 하는지 고민하고 있다. 많은 회사에 인공지능 관련 조직이 만들어지고 있으며 여러 기법이 계속 연구, 적용되고 있다. 예전에는 연구소와 상품기획 부서에서만 부분적으로 사용되던 인공지능 기술을 파악하고 있었다면 이제는 고객·직원 경험과 관련된 모든 부서가 기본적으로 알아야 한다.

2
사용자 경험에서 데이터의 활용 범위가 넓어졌다

2013년 SK텔레콤에서 근무할 때 가장 놀라웠던 것은 모바일 앱에서 고객 행동customer behavior 데이터가 모이기 시작한 것이다. 예를 들면 앱의 각 화면에서 고객들이 어떤 영역을 클릭했는지를 데이터로 알 수 있었다. 다음의 그림은 T맵의 첫 화면의 클릭 비율 데이터이다. 예전부터 있었기 때문에 남아 있는 기능과 일부 고객에게 필요할 것이라 예상했던 기능이 거의 사용되지 않고 있었다. 이 데이터는 바로 다음 개편에서 고객이 잘 쓰지 않는 기능을 제외하여 더 심플한 사용자 경험을 기획하는 근거로 활용되었다.

또한 페이지 간 트래픽 데이터도 받아볼 수 있었는데 이 데이터를 정보구조information architecture상에 배치하면 다음의 그림처럼 첫 화면에서 고객이 목표로 하는 정보를 보기까지의 과정과 전환율을 시각화할 수 있다. 이 분석을 통해서 피켓 앱의 검색과 카테고리·테

T맵 모바일 앱 첫 화면의 사용자 클릭률

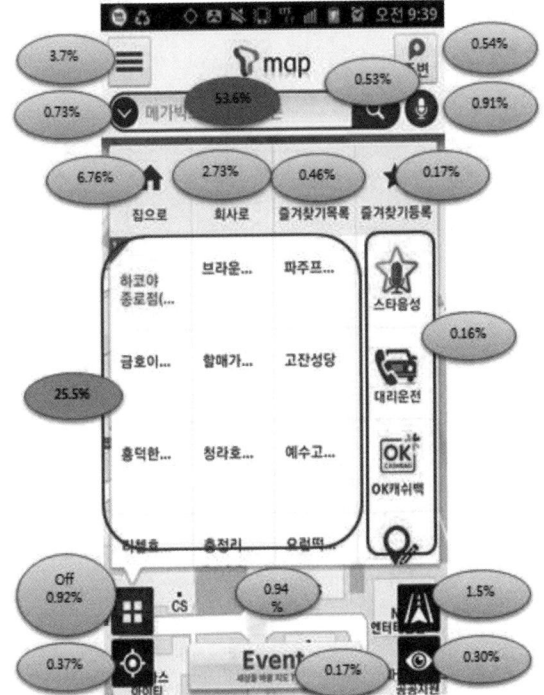

고객이 자주 사용하는 기능을 알 수 있다.

맵를 활용한 목표 달성률이 낮은 것을 발견하였고 사용자 경험 개편 전략을 수립하였다.

이러한 데이터들이 소중하게 느껴진 것은 이전까지는 앱 다운로드 수, 가입자 수, 월 활성 사용자 수 등 '결과 데이터'만 있었고 사용자 경험 개선에 도움이 되는 통찰을 찾기 위해서는 고객을 대상으로 리서치를 해야 했기 때문이다. 실제로 리서치의 결과도 상당히 정성적인 것이 사실이다. 사용자 경험이 예술의 영역에 있다가 1993년 제이콥 닐슨Jakob Nielsen의 저서 『사용성 공학Usability

피켓의 고객 트래픽 데이터를 정보구조에 매핑한 분석 결과

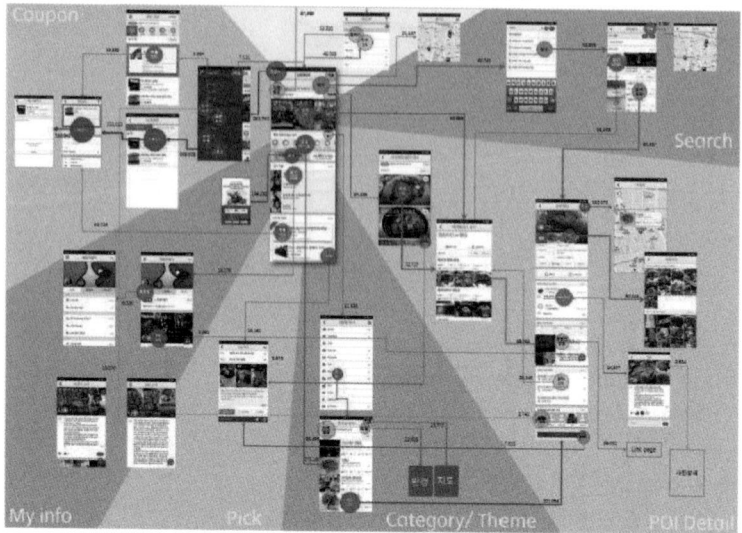

상단 가운데에 첫 화면이 있고 연결되는 페이지는 방사형으로 정리되어 있다.

Engineering』에 의해 무엇이 잘못되었는지를 체계적으로 알아낼 수 있는 공학의 영역으로 들어온 것보다 더 혁신적인 발전이었다. 요즘에 모바일 서비스를 담당하는 사용자 경험 전문가들은 상시 개편 체계로 일한다. 이때 사용되는 방법을 A/B 테스트라고 부른다. 사용자 경험 업그레이드 버전을 만든 다음 일부 사용자에게 노출하여 그 결과가 좋으면 확대 적용하며 그렇지 않으면 이전 것을 계속 유지한다.

지금까지 '상품 내'의 데이터를 분석하는 것을 설명했다. 데이터에 대한 활용 범위는 더욱 넓어지고 있다. 고객들이 받는 홍보 문자나 이메일에 대한 고객의 반응률이 활용되며 웹브라우저 쿠키를 활용하여 앱이나 웹 방문 전에 어떤 사이트를 방문했는지를 파악하여

몬트리올 은행의 고객 데이터 분석을 통한 신용카드 추천 사례

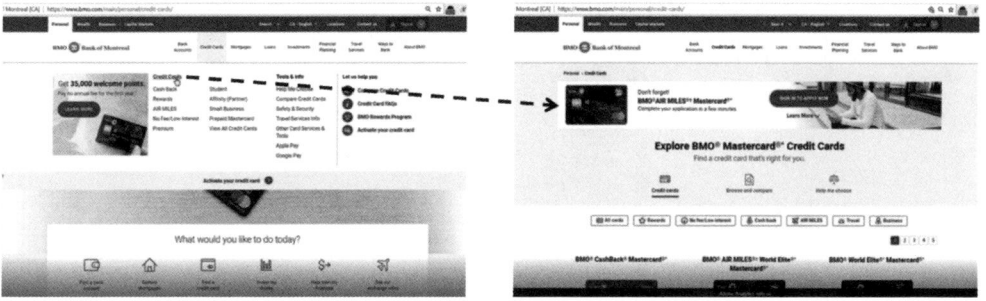

첫 화면에서 신용카드를 누르면 고객 데이터 분석을 통해 추천하는 카드를 배너 광고로 보여준다.

활용하고 있다.

아마존이 고객 데이터 분석을 통해서 고객이 구매하는 물건의 패턴을 보고 최근 아기를 출산한 것으로 보이는 가정에 아기용품 홍보 이메일을 보내서 매출을 올렸다는 사례가 잘 알려져 있다. 고객 타깃형 마케팅이다. 고객 데이터 기술은 점점 더 발전해서 고객이 방문한 웹페이지의 분석을 통해 성별과 연령을 짐작하는 것도 가능하다. 몬트리올 은행은 홈페이지에 방문하는 고객 데이터를 분석해서 필요로 하는 신용카드의 종류를 파악하여 신용카드 신청 페이지에 배너 광고의 형태로 보여주었다. 이런 고객 데이터 분석을 통한 신용카드 추천은 기존 배너보다 전환율이 1.4배 높았다고 한다.

요즘에는 여러 고객 채널과 고객 데이터 분석을 총체적으로 연결하는 수준까지 고도화되었다. 다음의 사례는 내가 참여한 고객 경험 관리CEM, customer experience management 혁신 과제의 결과물 중 하나이다. 결혼 준비 중인 고객이 동영상 콘텐츠를 통해 제품을 발견하고 포털 검색을 통해 제품 홈페이지에 접속하고 홈페이지의 직원

마케팅 채널과 고객 데이터 분석을 통해 기획된 멀티채널 전자제품 구매 과정

- 유튜브에서 신혼집 가전제품 리뷰 검색 중 LG렌탈케어 디지털 쇼룸 서비스 콘텐츠 시청
- 네이버에서 LG렌탈케어 검색 후 사이트 유입, 서비스 연결하기 클릭
- 카카오 간편 회원가입 후 기본정보 입력(관심 제품 카테고리, 집평수, 구성원, 반려동물 등)
- 온라인 전용 매장에 있는 케어솔루션 매니저와 라이브 연결, 제품 시연 및 상담
- 바로 결제하지 않고 사이트에서 다른 제품 탐색 중 기존에 입력한 기본정보 기준으로 추천된 제품, 문구에 노출(신혼부부를 위한~)
- 마음에 드는 식기세척기 제품 선택 후 매니저가 문자로 발송해준 온라인 사이트 구매 링크 수신
- '펫 모드'가 있는 공기청정기를 추천받아 상세페이지 조회 후 구매하지 않음
- 식기세척기만 주문
- 케어솔루션 매니저가 방문하여 제품 설치
- 사이트 재방문 후 공기청정기 추가 주문
- 며칠 후 카카오톡으로 '펫 모드' 공기청정기 할인쿠폰 발급 메시지 수신

    대화 서비스로 직원과 상담하여 온라인 구매 링크를 받아서 식기세척기를 구매하고 며칠 후 공기청정기 할인 쿠폰을 받아서 공기청정기까지 구매하는 과정을 보여준다. 고객이 제품 구매 과정에서 이용하는 동영상 콘텐츠, 포털의 고객 데이터, 회사의 홈페이지와 직원과의 대화의 고객 데이터가 융합된 스토리이다.

    이런 사용자 데이터의 활용은 컨슈머 대상의 서비스에서 활발하게 일어나며 많은 성공 사례들을 만들고 있다. 그러나 직원이 사용하는 소프트웨어에서는 그만큼 고도화되어 있지 않다. 오히려 직원들은 로그인해서 사용한다는 점과 직원 데이터가 더 정확하다는 것을 고려하면 훨씬 더 가치 있는 데이터의 활용이 가능할 것이다. 실제로 많은 직원용 웹사이트들이 외면받고 있다. 직원 데이터를 기반으로 한 개인화를 통해 개선할 수 있는 문제들이 많다고 판단된다. 예를 들어 회사마다 운영하는 교육 사이트는 콘텐츠 유치를 위해 많은 예산을 사용하고 있다. 만약 직원들의 니즈를 파악하고 운

영한다면 훨씬 더 많이 사용하게 될 것이다. 내가 참여한 B2B 회사의 홈페이지 개편에서 특정 IP에 짧은 기간 안에 두 번 이상 접속하여 동일 페이지를 보는 것을 감지하면 특정 상품에 관심이 있는 비즈니스 고객으로 판정되어 챗봇이 활성화되고 해당 상품을 소개할 수 있는 직원을 연결하는 링크를 보내주는 기능을 만들었다.

한발 더 나아가서 사용자 데이터를 활용하면, 즉 고객이 누구이고 직원이 누구인지를 알게 되면 더 의미 있는 경험을 기획할 수 있다. 고객과 직원이 둘 다 관계되는 디지털 트랜스포메이션 과제에서 적극적으로 검토되어서 혁신적인 경험을 도출하는 관점으로 활용되어야 한다. 앞에서 소개한 호텔 경험 혁신 과제에서 고객이 누구이고 어떤 상황인지 알 수 있다. 예를 들어 이 호텔에 세 번째 방문했고 이틀째 머무르고 있으며 내일 출발한다는 것을 안다면 맞춤형 경험을 제공하여 고객 만족을 최대화할 수 있다. 그래서 세탁은 오늘 아침까지 요청하셔야 내일 출발 전에 받을 수 있다거나 저녁에 식당에서 어제는 이걸 드셨는데 오늘은 이걸 드셔보시라고 제안하거나 내일 출발 시간에 맞추어서 택시를 불러드릴지 물어보는 등의 서비스를 제공할 수 있다. 이런 프리미엄 경험을 제공하기 위한 개선 요소는 일을 잘하는 직원들의 업무를 살펴봄으로써 알아낼 수 있다.

다른 사례로 내가 수행한 골프장 고객 경험 혁신 과제는 프리미엄 골프 경험 기획이 목표였다. 체크인부터 식사와 계산을 할 때까지 직원들이 고객을 알아보는 경험을 제안하였다. 예컨대 식당에 들어가면 직원이 "박 상무님, 안녕하세요?"라고 인사하는 것이다. 이는 시니어 임원들이 가장 좋아하는 경험이다. 참고로 골프장은

나폴레옹의 러시아 원정의 진격·퇴각도

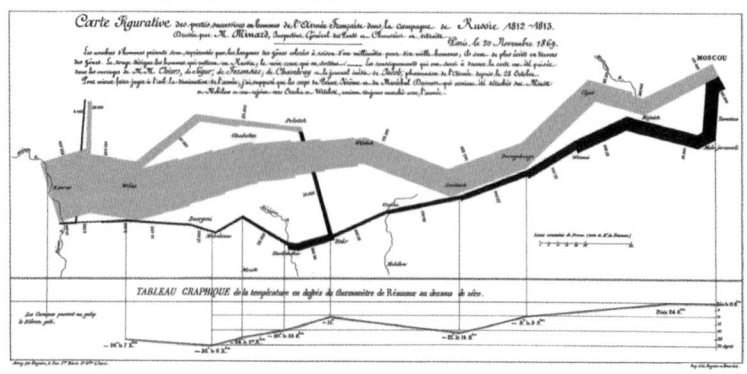

(출처: Charles Joseph Minard, 1869)

고객들의 동선이 정해져 있으며 도착 시간도 예측 가능하기 때문에 직원이 고객을 알아보는 것은 전혀 어렵지 않다.

지금까지 고객 행동 데이터 활용을 소개했다. 데이터를 활용해서 경험을 혁신할 기회를 찾아내려면 여러 차원의 데이터를 고객·직원 관점으로 정리해서 직관적으로 보여주는 것이 필요한데, 데이터를 어떻게 보여줄 것인지는 전통적으로 경험자 경험 사용자 경험 전문가들이 해오던 분야이다. 정보 시각화information visualization 또는 데이터 시각화라고 불리며 최근 활발해진 데이터 분석 업무와의 협업도 많이 이루어지고 있다. 가장 널리 알려진 사례는 1812년 나폴레옹의 러시아 원정의 진격·퇴각도이다. 나폴레옹 군대의 지리상 위치, 군대의 배분, 병사 수(위쪽이 진격할 때고 아래가 퇴각할 때), 해당 위치 기온 등의 여러 데이터가 2차원 평면에 일목요연하게 표현되어 있다.

데이터 시각화는 거의 모든 디지털 트랜스포메이션 과제에서 수행된다. 디지털로 전환한다는 것은 데이터를 모은다는 것이고 분석하기 위해서는 시각화가 필요하기 때문이다. 즉 자산 변동 내역, 심박수 추세, 생산 공정의 수율 변화, 클라우드 서버의 상황 등을 정확하게 표현하여 상황을 파악하고 문제를 찾고 해결하는 것을 지원해야 한다. 1장에서 소개한 고마츠 사례에서 건설 현장의 여러 굴삭기에서 파낸 흙의 양은 취합하여 분석해야 한다. 또한 굴삭기가 파낼 흙의 양을 예측하여 싣고 갈 트럭의 양과 도착 시간을 계산해야 한다. 이것을 직원의 업무 관점으로 보면 굴삭기에서 파낸 흙의 양, 트럭이 싣고 가지 않은 흙의 양, 앞으로 파낼 흙의 양, 앞으로 도착할 트럭이 처리할 흙의 양 등의 데이터가 직원에게 보여야 한다. 이를 어떻게 보여줄지는 사용자 경험 전문가의 역할이다.

이와 유사한 사례는 많다. 제니퍼소프트는 클라우드 웹 서버의 처리 상황을 보여주고 문제가 있는 서버와 애플리케이션을 찾도록 돕는 업무 솔루션을 개발했다. 현재 클라우드 서버의 상황을 다음의 그림처럼 표현했다. 서버가 처리하는 전체 트랜잭션 양과 문제가 없는 트랜잭션부터 처리에 시간이 오래 걸리는 트랜잭션을 4단계로 나누어서 일목요연하게 표현했다. 이 그래프는 제니퍼소프트 솔루션의 아이덴티티가 되었다.

다른 사례로 내가 고영테크놀러지에 근무할 때 개편한 PCB 생산 라인에서 사용되는 공정 관리 소프트웨어를 들고자 한다. 이 소프트웨어는 공정 효율성을 떨어뜨리는 가장 심각한 원인을 세 가지 검사 장비의 검사 결과를 통해 진단하고 해결 방안을 찾는 것이었다. 전체 장비 효율성, 생산량, 검사 장비의 수율 간의 상관관계를 이용하여 문제의 원인을 빠르게 찾는 사용자 경험을 정리하였다. 이를 통해 개편 전에 데이터를 보고 가설을 세우고 연관 데이터를

제니퍼소프트의 APM 첫 화면

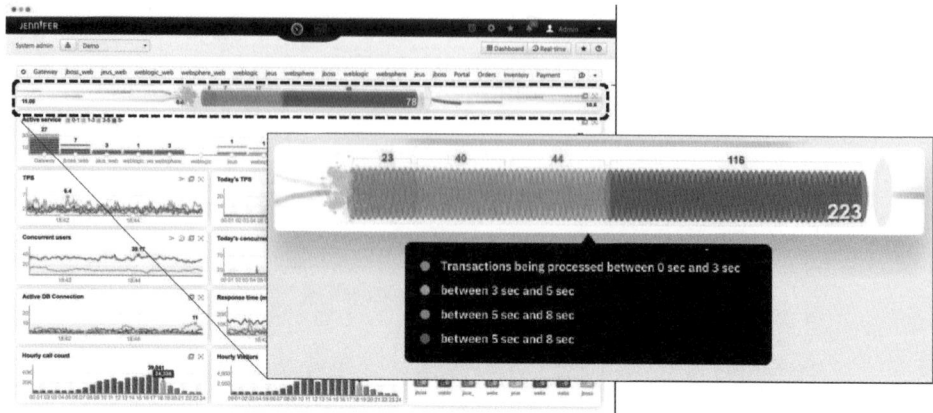

상단의 시각화 결과물은 현재 상황을 직관적으로 알려준다. 이 소프트웨어의 아이덴티티가 되었다. (출처: 제니퍼소프트)

통해 검증하는 작업을 반복하는 등 수많은 데이터를 확인하면서 문제를 찾느라 평균 30분이 걸리던 업무를 5분으로 줄였다.

 데이터 시각화에서 중요한 것은 데이터를 통해 달성하고자 하는 사용자의 목표가 무엇인가이다. 고객의 경우 과제 목표이고 직원의 경우 업무 목표이다. 예를 들어 건강 관리 앱에서는 운동량이 적절한지, 심박수는 정상 범위와 패턴을 벗어나지 않는지 등을 파악하는 것이다. 클라우드 서버 모니터링에서는 서버 상태가 정상인지, 어떤 문제가 얼마나 되며 해결되고 있는지, 심각한 문제가 발생한 앱은 어떤 것인지를 빠르게 파악하는 것이다. 즉 사용자가 원하고 필요로 하는 것을 파악해야 정확한 데이터 시각화가 가능하다는 점에서 일반적인 사용자 경험 기획 과정과 동일하다. 그냥 예쁘게 그리는 것으로는 불충분하다. 특히 직원용 소프트웨어는 직원들의 정확한 업무를 파악하는 리서치 과정과 그들의 업무에 맞는지 확인하

생산 라인의 생산 상황 데이터를 이용해서 가장 심각한 문제를 찾아내는 사용자 경험

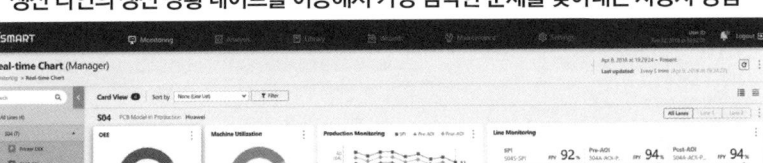

기 위한 빠른 프로토타이핑과 검증 과정이 더 중요하다. 사용자 경험 전문가들은 그 분야의 실무 전문가가 아니기 때문이다.

조금 더 나아가서 데이터를 활용한 고객 경험 혁신도 진행 중이다. 고객 행동 데이터와 고객 행위를 연결함으로써 회사가 이전에는 하지 못했던 제안이나 추천을 타깃 고객에게 제공하는 것이다. 실제로 내가 수행한 한 과제에서는 고객의 여러 데이터를 활용함으로써 가능해진 혁신적 고객 경험을 발굴하였다. 다음의 그림에서 상단에는 고객 여정 지도가 있고 하단에는 고객 여정 단계에서 발생하는 고객 행동 데이터가 표시된다. 상품 기획자나 마케터는 이를 활용하여 새로운 터치포인트를 찾는다. 예를 들어 건조기 마케팅 담당자가 이를 활용하면 세탁기 고객 행동 데이터 중에 세탁 기능 사용 패턴 데이터가 있는 것을 알게 된다. 그는 이 세탁기 건조 기능 사용 패턴을 보면서 건조 기능을 사용하지 않는 고객, 최근에 건조 기능과 아기옷 코스를 사용하기 시작한 고객, 주말에 대량의

데이터를 활용함으로써 가능해진 새로운 경험을 발굴하는 과제의 결과물

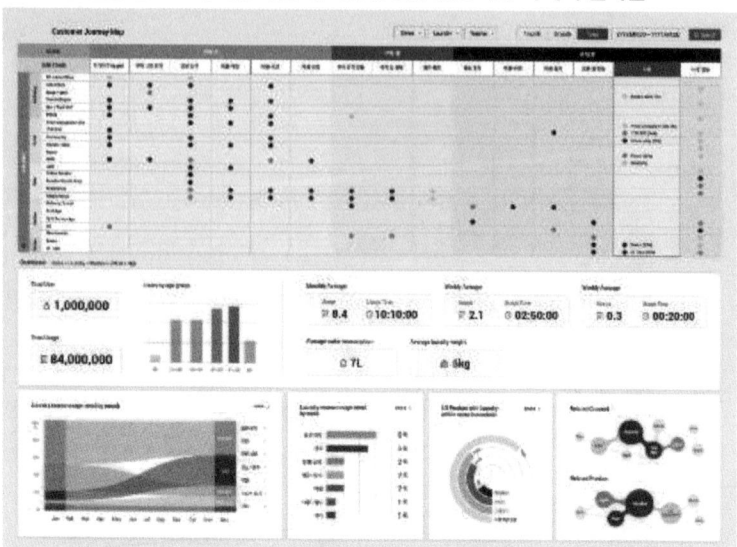

건조를 몰아서 하는 고객 등을 찾아낼 수 있다. 그럼으로써 건조기 마케팅을 누구에게 어떻게 해야 할지를 알게 되는 것이다.

데이터와 관련된 사용자 경험 활동은 계속 늘어나고 있다. 날씨와 휴대폰 판매량에 상관관계가 있음을 발굴하는 소프트웨어의 사용자 경험를 기획했고 데이터를 선처리하는 소프트웨어와 데이터를 여러 형태로 보여주는 웹 솔루션의 사용자 경험도 기획하고 있다. 특히 데이터는 인공지능과 바로 연결되기 때문에 고객·직원 경험과 여러 관점에서 연관성이 많다. 데이터캠프Datacamp의 수석 데이터 과학자인 데이비드 로빈슨David Robison은 데이터와 머신러닝과 인공지능에 대해 다음과 같이 정리했다. ① 데이터 과학이 통찰insight을 끌어내고 ② 머신러닝이 예측prediction을 가능하게 하고 ③ 인공지능이 활동action을 만든다는 것이다. 이를 고객·직원 관점으로 재해석하면

사용자와 데이터, 머신러닝, 인공지능의 관계 다시 그리기

데이터를 통해 고객과 직원에 대한 통찰을 끌어낸다.
머신러닝으로 고객의 목표 달성과 직원의 업무 수행에 활용할 예측을 해낸다.
인공지능으로 고객과 직원을 도울 방법을 고안한다.

① 데이터를 통해 고객과 직원에 대한 통찰을 끌어내고 ② 머신러닝으로 고객의 목표 달성과 직원의 업무 수행에 활용할 예측을 해내고 ③ 인공지능으로 고객과 직원을 도울 방법을 고안한다. 이 정리가 고객·직원 경험과 데이터, 인공지능 간의 관계를 잘 설명하고 있다고 본다.

정리

- 인공지능은 고객·직원 경험에 깊게 관여된다. 인공지능이 고려된 사용자 경험 모델과 방법론에서는 인공지능이 하나의 주체적인 객체로 표현되며 무엇을 할 것인가는 기획의 대상이 된다.
- 인공지능의 수준과 고객·직원과의 관계에 적합한 사용자 경험이 제공되어야 한다. 수준이 낮고 관계가 친밀하지 않을수록 보조적인 형태로 수준이 높고 신뢰하는 관계일수록 인터랙션에 직접 관여하는 형태로 제공되어야 한다.
- 고객·직원의 행동 데이터를 활용하여 소프트웨어와 시스템을 기획하고 개선하는 것은 컨슈머 제품에서 활발히 발전해왔다. 디지털 트랜스포메이션 과제에도 적용될 수 있다.
- 데이터를 정확하게 정리하여 의사결정을 돕는 시각화는 디지털 트랜스포메이션 과제에서도 여전히 진행 중이며 수많은 데이터를 직원이 활용할 수 있는 체계와 사용자 경험을 만드는 것 또한 중요하다.

7장
어떻게 디지털 트랜스포메이션을 추진할 것인가

1
디지털 트랜스포메이션 과제는 종합 예술과 같다

영화와 디지털 트랜스포메이션 과제의 공통점은 무엇일까? 100억 이상의 많은 투자가 필요하고 여러 역할의 전문가가 참여해서 협업하며 1년 이상 오랜 기간이 걸린다는 등의 공통점이 있다. 유명 감독과 배우가 있는 것처럼 디지털 트랜스포메이션 과제를 많이 해온 유명 컨설팅 회사가 있다. 영화의 결과물인 '영상'을 관객이 영화관에서 보고 나서야 잘된 영화인지를 알 수 있는 것처럼 디지털 트랜스포메이션 과제의 결과물인 '고객·직원 경험'은 출시 후에야 잘되었는지를 알 수 있다.

영화로 디지털 트랜스포메이션을 설명해보자. 시놉시스와 시나리오는 과제의 전략이고 스크립트, 배우 섭외, 장소 선정 등은 과제의 기획이고 영화를 찍고 편집하는 작업은 과제의 개발에 해당된다. 문제는 영화와 디지털 트랜스포메이션 과제에서 이 모두가 잘되어야 한다는 점이다. 잘 짜인 줄거리와 대본이 나와야 하고 잘 어울리는 배우를 섭외해야 하고 분위기가 맞는 촬영장소가 선정되어야 하고 거기에 촬영과 편집까지 잘되어야 한다. 그래야 우리나라에서 1,000만 관객을 모을 수 있다. 마찬가지로 디지털 트랜스포메이션 과제는 전략, 기획, 개발이 다 잘되어야 고객 경험을 혁신하고 일하는 방식을 바꿀 수 있다.

디지털 트랜스포메이션 과제의 결과

사용자 경험 = 전략 × 기획 × 개발

디지털 트랜스포메이션의 결과물인 사용자 경험은 전략과 기획과 개발 수준의 곱하기로 정해진다(3가지가 모두 좋아야 한다).

왜 대다수 디지털 트랜스포메이션 과제가 실패하는 걸까? 잘못된 전략을 수립했거나 전략은 좋으나 기획이 부족했거나 전략과 기획은 좋으나 개발이 안 되었기 때문이다. 문제는 전략과 기획과 개발이라는 3가지 역량의 담당 부서가 다르다는 것과 다 가진 회사가 많지 않다는 것이다. 그래서 담당 부서 간에 긴밀한 협업이 필요하고 각 담당 부서에서 외부 역량을 활용하게 된다. 전략 수립은 컨설팅 회사가, 기획은 컨설팅 회사 또는 사용자 경험 회사가, 개발은 소프트웨어 개발 회사가 참여한다. 즉 적게는 3개에서 많게는 6개 부서와 회사가 참여한다. 이 과정에서 생기는 문제를 해결해야 천만 관객 영화처럼 성공적인 디지털 트랜스포메이션을 할 수 있다.

(1) 사용자 경험 목표 중심의 전략이 수립되어야 한다

디지털 트랜스포메이션 전략은 전략 담당 부서나 컨설팅 회사가 수행한다. 가장 많이 하는 실수는 사업성과 실행 역량에만 초점을 맞추는 것이다. 디지털 트랜스포메이션을 성공할 때 예상 매출과 영업이익은 얼마인지, 계속 증가할지, 해당 조직에서 수행할 수 있는지에 대해 분석한다. 그리고 그 결과는 잘 정리되어 경영진에 보고된다.

잘 구성된 전략 보고서에 부족한 부분은 구체적인 미래의 고객과 직원 경험이다. 예를 들어 테슬라가 미국에서 자동차를 인터넷으로 파는 것과 한국에서 전자제품을 인터넷으로 파는 것은 완전히 다르다. 한국에서 고객들이 전자제품을 어떤 과정으로 구매하는지와 구매 과정에서 어떤 서비스를 통해 정보를 얻고 의사결정을 하는지에 대한 면밀한 검토가 필요하다. 제조회사에서 각 공정과 장비의 데이터를 일단 모으는 것보다는 무엇을 할지를 정한 후에 데이터를 통합하는 것이 훨씬 수월하다. 아날로그로 수행되던 점주 관리를 디지털로 하려면 점주와 점주 관리를 담당하는 직원의 일하는 방식이 어떻게 변경될지 미리 파악해야 한다.

영화에서 제작하는 스토리보드처럼(다음 페이지의 그림) 해보는 것이 좋다. 무엇을 디지털 트랜스포메이션할지 정하는 과제를 먼저 수행하거나 수립된 전략에 따른 미래의 고객·직원 경험의 시각화를 진행하는 것이 필요하다(146쪽과 151쪽 그림 참조). 이를 통해 디지털 트랜스포메이션 이후의 총체적 경험이 현재의 경험보다 '유의

1979년에 개봉한 영화 「에일리언」의 스토리보드

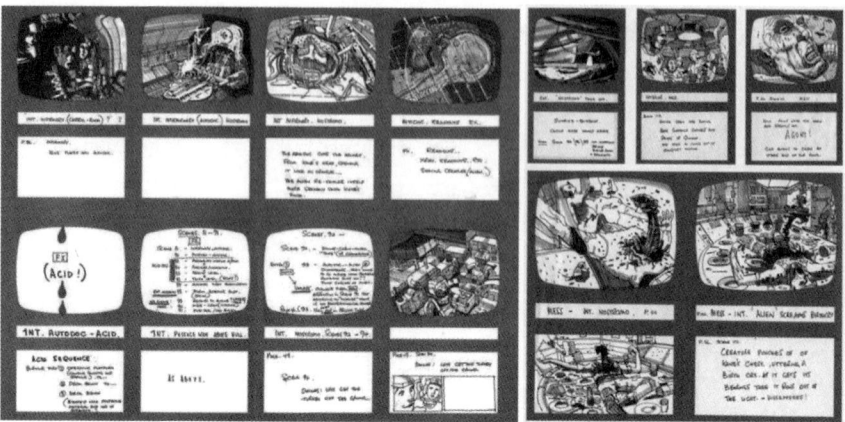

영화사에서는 스토리보드를 만들어서 활용하는데, 특히 회화와 그래픽을 전공한 리들리 스콧 감독이 대표적이다. (출처: boords.com)

하게 더 좋은지' 판단할 수 있다. 아이디오, 프로그디자인, 어댑티브 패스 등의 유명 사용자 경험 기업들의 전략 과제 결과물은 모두 이런 스토리보드이다(예산이 많으면 영상으로 만들기도 한다). 최근에는 고객·직원 여정 지도와 서비스 블루프린트, 사용자 경험 프로토타입을 제작하는 웹 서비스들이 만들어져서 더욱 빠르게 할 수 있게 되었다. 참고로 내가 수행했던 과제에서는 전략을 구체화한 스토리보드와 사용자 경험 프로토타입을 3주 만에 만들 수 있었다. 고객·직원 여정 지도, 기획 단계에서 만드는 산출물인 서비스 블루프린트, 사용자 경험 프로토타입을 통해 경영진이 해당 전략을 실제로 추진할지에 대해 정확한 의사결정을 할 수 있다. 실제 사용자들을 대상으로 하는 검증도 할 수 있다. 특히 아직 다른 회사에서 추진한 사례가 없다면 이 과정은 더 중요하다. 실제로 이러한 활동은 1등 회사에서는 항상 수행하는 활동이기 때문이다.

(2) PM 중심의 전략과 기획과 개발의 연결이 필요하다

모바일 서비스를 출시해온 회사에서는 프러덕트 매니저가 익숙하다. 프러덕트 매니저는 해당 상품의 모든 것에 대해 책임지고 마케팅부터 사용자 경험과 개발까지 모든 부서 간의 협업을 책임진다. 또한 유능한 프러덕트 매니저는 협업해야 할 부서와 좋은 관계를 형성하는 것은 물론 참가한 담당자의 역량까지도 파악하여 부족한 부분을 효과적으로 메우는 역할을 한다.

하지만 시스템 개발 과제 위주로 운영해온 회사에서 피엠이라고 하면 보통 프로젝트 매니저project manager를 의미하고 프러덕트 매니저 역할이 없는 경우가 많다. 그래서 프로젝트가 끝나면 다른 프로젝트로 이합집산한다. 이는 마치 영화에 감독이 없는 것 또는 여러 속편으로 제작되는 영화에서 제작자가 자주 바뀌는 것과 유사하다. 프로젝트 매니저가 하나의 프로젝트의 책임자라면 프러덕트 매니저는 해당 상품에 관련된 여러 프로젝트와 여러 번 수행되는 연속된 프로젝트까지 다 책임진다는 것이다. 1장에서 소개한 것처럼 캐나다 연방정부가 피닉스 급여 시스템 프로젝트 실패 후 도입한 제도 중의 하나가 프러덕트 매니저이다.

프러덕트 매니저는 한 사람일 수도 있고 한 부서일 수도 있다. 여러 역량 중 내재화가 가장 중요한 역량이라고 생각한다. 프러덕트 매니저는 해당 프로젝트에 관련된 수많은 크고 작은 의사결정의 권한을 가진다. 실제 현장에서는 작은 의사결정이 너무 많아서 일일이 임원진에 보고할 수 없기도 하다. 전략 수립부터 기획 과정과 개발까지 연결하는 것은 프러덕트 매니저의 역할이다. 전략을 이해하고 기획을 주도하며 개발이 제대로 될 수 있도록 관리한다. 그래서 프러덕트 매니저의 역량에 따라 그 상품이 잘될지 안 될지가 결정된다.

프러덕트 매니저가 없다면 전략 부서, 기획부서, 개발부서가 관련 업무를 책임진다. 그렇게 되면 전략 보고서만 잘 작성하여 경영진에 보고하고 빠지려고 하거나 전략과 맞지 않는 기획을 진행하거나 요구 사항만 만족하는 개발을 진행하는 등 부서 이기주의가 끼어들게 된다.

•••••
(3) 과제에 적합한 외부 역량이 선정되어야 한다

디지털 트랜스포메이션 과제 수행을 위한 역량이 내부에 없다면 외부 전문가를 활용해야 한다. 일부 큰 회사를 제외하면 많은 회사가 컨설팅 회사, 사용자 경험 회사, 개발 회사 등과 함께 프로젝트를 수행한다. 하지만 앞에서도 계속 언급했듯이 디지털 트랜스포메이션 과제는 적용 도메인이 복잡하며 커서 성공하기가 쉽지 않다. 내부 역량이 다 있는 일부 큰 회사에서도 과제를 성공시키기 쉽지 않다. 일부 역량이 부족한 회사에서는 과제에 적합한 외부 역량에 더욱 의존해야 한다. 하지만 문제는 내부 역량이 없어서 적합한 외부 전문가를 선정하기도 어려운 것이다. 그러다 보니 예산을 최대한 동원해서 유명 회사나 대기업의 과제를 수행한 포트폴리오를 가지고 있는 회사가 선정되곤 한다.

내부 역량이 부족한 상황에서 적합한 외부 역량을 선정하기 위해 가장 먼저 해야 할 일은 유사한 과제를 했던 전문가들을 수소문해서 과제 수행의 어려움이 어떤 것인지를 파악하는 것이다. 디지털 트랜스포메이션 과제는 미리 알지 못했던 하나의 이슈로 실패하는 경우가 많기 때문이다. 그리고 그 어려움을 외부 전문가가 알고 있는지, 어떻게 해결할 수 있는지를 확인하는 것으로 적합한 회사 또는 전문가인지 확인할 수 있다.

이는 컨설팅 회사, 사용자 경험 회사, 개발 회사에 모두 적용된다. 특히 사용자 경험 회사나 사용자 경험 전문가는 현재의 고객과 직원 경험에 대해 면밀하게 파악하여 디지털 트랜스포메이션 이후의 경험이 타당한지, 고객과 직원에게 유의하게 더 좋은 경험, 즉 고객에게는 더 심플한 경험을, 직원에게는 업무 생산성을 더 높이는 경험을 제공하는지를 알 수 있어야 한다.

●●●●●●
(4) 회사에 맞는 개발 역량이 강화되어야 한다

1장에서 소개한 넵튠테크놀러지는 원래 기계공학 전문가만 있을 때 만든 기계식 계량기에 액정 화면을 달았다. 그 덕분에 간단한 소프트웨어와 사용자 경험이 필요해졌다. 원격 검침이 가능하도록 했고 따라서 소프트웨어와 전자공학 전문가가 필요해졌다. 그리고 수도 사용량을 취합하고 예측하는 서비스를 제공하고 있다. 이는 데이터와 사용자 경험 전문가도 필요해졌다는 뜻이다. 결국 이 회사는 기계과 출신이 대부분이던 회사에서 소프트웨어 회사가 되었다. 디지털 트랜스포메이션은 회사 전반에 걸친 역량의 변화가 필요하다. 그중 가장 어려운 것은 개발 역량이라고 생각한다. 제품 홍보용 웹사이트를 만드는 것과 인터넷 상거래 사이트를 만드는 것 또는 메타버스에서 플랫폼 서비스를 만드는 것은 완전히 다른 전문성이 필요하다. 더구나 최근에는 데이터와 인공지능, 챗봇, 사물인터넷 등이 융합되는 서비스들이 요구되면서 더 많은 개발 역량의 융합이 필요해졌다.

많은 금융회사, 유통회사, 제조회사들이 디지털 트랜스포메이션을 위해 소프트웨어 기술을 가진 전문가들을 채용하고 있고 여러 개의 기술 조직과 연구소를 만들어서 운영하고 있다. 하지만 아직 이 소프트웨어 기술들을 융합하여 개발까지 연결하는 데는 어려움을 겪고 있다고 생각한다. 한 사례로 내가 한 은행의 앱 기획 프로젝트에 참여했을 때 고객별로 가지고 있는 통장을 첫 화면에 다 보여주는, 즉 통장이 3개 있으면 3개, 5개 있으면 5개를 보여주고 최근 거래 실적을 반영해서 가령 이체 내역에서 자동차 할부금이 확인되면 자동차 금융서비스에서 대환대출 유도하기와 같은 개인화된 제안을 보여주자고 제안했다. 그러나 연구소와 개발 조직에 의해 불가능하다고 통보를 받은 적이 있다. 개인별 계좌를 가져오는 API가 제대로 설계되지 않아서 앱이 느려진다거나 아직 개인화된 제안을 할 수 있는 데이터 기반의 인공지능 엔진이 없었기 때문이다.

아무리 전략과 기획이 잘되어도 개발이 되지 않으면 아무 소용이 없다. 연구소의 새로운 기술도 기획 단계에서 발굴된 수많은 아이디어와 개선 사항도 개발이 되지 않으면 소용이 없다. 삼성전자, 네이버, 카카오와 같은 유명 회사에서 일했다고 개발을 잘하는 것은 아니다. 일부를 담당한 것인지 전체를 담당한 것인지를 확인해야 한다. 가장 어려운 것은 여러 기술을 융합하여 개발한 결과물을 내놓는 것이기 때문이다.

또한 최고기술책임자CTO나 개발 조직 중심으로 디지털 트랜스포메이션이 진행되는 경우도 많다. 이 조직들은 기술 중심으로 판단하기 때문에 너무 진취적이거나 보수적인 성향을 보인다. 특정 기술의 적용성에 대해 확대해석하면서 고객과 직원의 경험에 관해서는 관심을 가지지 않거나 개발해야 할 시스템의 범위가 넓고 어렵다는 이유로 디지털 트랜스포메이션 과제에 반대하기도 한다. 또한 개발 단계에서 해야 할 것을 요구 사항 위주로 관리한다 그러나 요구 사항 중심의 개발은 개발 검증을 위해 만들어진 도구여서 고객·직원 경험을 대변하지 못한다. 결국 연구소나 개발 조직 중심의 디지털 트랜스포메이션 추진은 바람직하지 않다고 본다.

●●●●●
(5) 직원 경험의 중요성을 잊지 않아야 성공한다

영화감독들은 수상 소감에서 항상 영화 제작에 참여한 스태프들에게 깊이 고마움을 표현한다. 이는 디지털 트랜스포메이션 과제에서도 마찬가지라고 생각한다. 고객들의 심플한 경험을 위해 일하는 직원들의 경험을 꼭 챙겨야 한다. 많은 O2O 서비스들이 앱 경험은 단순하지만 그 이후의 직원과의 경험은 기존 방식이 유지되어서 고객의 기대에 미치지 못한다. 결국 호텔에서 앱으로 담요 추가 요청하기, 스크린 골프장 예약하기 등과 같은 서비스 신청까지 같은 심플한 경험을 제공하지만 직원들과 연결된 경험은 예전 그대로인 경우가 많다. 예컨대 호텔 컨시어지 직원이 일하는 방식은 바뀌지 않아서 담요 신청이 안 되거나 스크린 골프장에서 전화 예약과 앱 예약 손님이 중복 예약되거나 하는 것처럼 말이다. 결국 고객이 기대한 경험에 미치지 못하게 되고 유의미한 경험의 차이를 느끼지 못해서 해당 서비스를 계속 사용하는 것을 꺼리게 된다.

성공한 서비스들은 직원 경험까지 챙긴다. 직원 경험을 고려하지 않는 것은 실제로 여러 O2O 서비스들이 성공하지 못하는 중요 원인이다. 한 사례를 들면, 나는 최근에 한 세차 모바일 서비스를 신청했는데 앱에서 세차 신청은 아주 간단했으나 실제 세차 과정은 그렇지 못했다. 담당 직원들이 계속 전화해서 차 번호를 확인하고 차 위치를 묻는 바람에 내가 계속 지켜봐야 했다. 회사 주차장에 믿고 맡기는 세차를 했던 나로서는 매우 불편한 경험이었다. 이렇게 된 이유는 직원들이 일하는 방식이 최적화되어 있지 않기 때문이라고 생각한다. 직원에게는 고객 연락처, 차 번호, 시간만 문자로 알려 준다. 그런데 직원 입장에서는 빠르게 세차를 마치고 싶으니 고객에게 재차 확인 하고 차 문을 빨리 열어주면 좋으니 도착해야 하는 시간을 더 이르게 말하는 듯하다.

2
성공에 기여하는 사용자 경험 전문가의 요건은 무엇인가

사용자 경험 분야는 계속 그 영향력이 확대되어왔다. 내가 2002년에 삼성전자에 입사했을 때 사용자 경험 조직의 상위 조직은 소프트웨어 개발부서였다. 개발부서 부장님들이 사용자 경험이 뭐 하는 거냐고 물어봐서 "화면을 기획합니다."라고 답변하니 "그건 우리(소프트웨어)가 하는 일인데?"라고 반문했던 기억이 있다. 사용자 경험은 원래 개발 단계에서 비주얼 디자인 또는 그래픽 디자인으로 불리는 화면을 디자인하는 것으로 시작해서 사용성이 있는 화면을 기획하는 것으로 범위가 넓어졌다. 이는 사용자 인터페이스 기획 또는 인터랙션 디자인으로 불린다. 이후 사용자 경험은 화면이 아니라 경험을 잘 설계해야 하는 관점으로 확대되고 웹사이트와 모바일 앱의 기획에서 그 효과를 입증하면서 '기획'의 역할로 확대되었다. 여기서 기획이란 웹사이트나 앱을 어떻게 만들지 정의하는 역할이다.

사용자 경험 전문가 역할

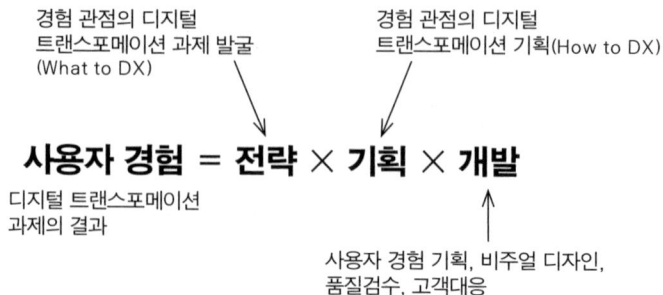

사용자 경험 조직은 디지털 트랜스포메이션 과제의 처음부터 끝까지 참여한다.

이후 어떻게 만들지 뿐만 아니라 무엇을 만들어야 할지에 참여하게 되면서 사용자 경험 전문가들은 '전략'의 역할을 하고 있다. 심지어 유명 사용자 경험 회사들은 전략 과제만 수행한다.

이런 특성으로 인해 사용자 경험 전문가는 프러덕트 매니저와 함께 개발 프로세스의 처음부터 끝까지 참여한다. 이는 디지털 트랜스포메이션 과제에서도 마찬가지이다. 앞에서 성공적인 디지털 트랜스포메이션을 위해서는 고객과 직원 경험 관점의 전략 수립, 기획, 개발이 중요함을 주장하였다. 사용자 경험 전문가는 3가지 역할을 해야 한다. 첫째, 전략 단계에서 경험 관점으로 무엇을 디지털 트랜스포메이션을 할 것인지 발굴하는 데 기여한다. 둘째, 기획 단계에서 어떻게 디지털 트랜스포메이션을 할 것인지 정의한다. 셋째, 개발 단계에서 사용자 경험 기획과 디자인, 품질 검수, 고객 대응의 역할까지 수행할 수 있어야 한다(앞의 그림).

성공적인 디지털 트랜스포메이션을 위해서 사용자 경험 조직은 전략 역량, 기획 역량, 개발 역량을 모두 갖추어야 하는 것이다. 하지만 한 회사의 사용자 경험 조직은 그 회사의 상황에 따라 역량이 상당히 다르다. 대부분의 사용자 경험 전문가들이 속하는 개발부서에 소속되어 왔으면 개발 역량이, 상품기획부서와 일해 왔으면 기획 역량이, 연구소나 선행 조직에서는 전략 역량이 향상된다. 거기에다 개인의 성향과 경험에 따라 전략, 기획, 개발 역량이 다르다. 창의적인 사용자 경험 전문가일수록 전략 역량이 더 좋으며 꼼꼼한 사용자 경험 전문가일수록 개발 역량이 우수하다.

그러므로 기업은 사용자 경험 조직의 현재 인원들의 역량에 대해 파악해야 한다. 전략 역량이 부족할 수도 있고 기획 역량이 부족할 수도 있다. 부족한 역량은 외부 채용 또는 협력회사 선정을 통해 확보해야 한다. 마찬가지로 삼성전자, 네이버, 카카오에서 일했다고 전략 역량이나 기획 역량이 있는 것은 아니다. 예를 들어 신규 상품의 발굴 과제를 수행해 보았는지, 대규모 개편을 해보았는지 등에 따라 개인의 역량이 달라진다. 아쉽게도 플랫폼 서비스의 운영을 담당하던 사용자 경험 전문가 또는 많은 사용자 경험 개선 업무가 대부분인 사용자 경험 회사가 디지털 트랜스포메이션 과제에서 기획 역할을 하는 경우를 본다. 디지털 트랜스포메이션 과제는 더 크고 더 어렵기 때문에 좋은 결과를 기대하기는 힘들다고 생각한다.

마지막으로 성공적인 디지털 트랜스포메이션에 기여하기 위한 사용자 경험 전문가의 역할을 정리하겠다. 첫 번째로 사용자 경험은 변화하는 시장과 고객의 기대 수준에 맞추어서 미래의 고객 경험을 정의하는 일을 지속적으로 수행해야 한다. 사용자 경험 조직은 회사에서 경험 관점으로 미래를 준비하는 유일한 조직이다. 사용자 경험 전문가가 가지고 있는 창의성과 상상력으로 서비스가 어떻게 바뀌어야 할지 고민해야 한다. 일반적으로 선행 사용자 경험 조직이 담당하는 일이나 선행 사용자 경험 조직이 아니더라도 1년에 한 번 정도는 전략 과제를 수행해야 한다. 그럼으로써 전략 역량을 인정받게 되고 자연스럽게 사용자 경험 전문가들이 디지털 트랜스포메이션 전략에 참여할 수 있게 된다.

두 번째로 회사의 전략에 대해 잘 파악하고 있어야 한다. 전략을 알아야 그에 맞는 고객 경험을 기획할 수 있다. 많은 사용자 경험 조직들이 앱, 웹사이트, 전자제품 등 상품에서 고객 경험만 신경 쓰고 있다. 하지만 실제로 디지털 트랜스포메이션은 다양한 형태로 진행 중이다. 예를 들어 오프라인 매장이 앱을 활용해서 한 번 방문한 고객에게 마케팅을 지속할 방법을 만들고, 고객 구매 행태를 기반으로 개인화된 사용자 경험을 제공하고, 여러 자동차 매장에서 관심 있게 본 모델 정보를 분석하고, 영업사원이 최적의 제안을 할 수 있게 준비 중이다. 그러다 보니 준비가 안 된 사용자 경험 업무를 해야 하는 일이 생기고 있다. 휴대폰 회사에서 모바일 터치 휴대폰의 사용자 경험만 열심히 했는데 인터넷 판매가 늘어나면서 온라인 스토어의 사용자 경험도 담당해야 했다. 장비 회사에서는 장비의 사용성을 올리고 있었다. 그런데 고객사인 대형 제조사들은 데이터를 기반으로 한 공정 관리 소프트웨어의 사용자 경험을 더 중요하게 생각했다. 여러 회사에서 사용자 경험 조직에 임원이 있는 경우와 아닌 경우의 차이는 바로 전략에 대한 이해 부분이다. 임원이 없다고 하더라도 사업팀의 중요 미팅에 꼭 참여해서 어떤 논의가 이루어지는지를 파악해야 한다.

세 번째로 빠르게 발전하는 디지털 기술에 대해 끊임없이 학습해야 한다. 앞에서도 인공지능과 데이터에 대해 언급을 했지만 그 외에도 ESG, 메타버스, 사물인터넷, 로봇, 클라우드, 업무 프로세스 자동화RPA, 초개인화 등의 트렌드를 잘 파악하고 있어야 한다. 개인적인 경험으로 보자면 거의 모든 기술은 하이프 사이클에 따라 한번 주목을 받다가 잠시 잊혀지는 듯하지만 곧바로 실제 상품에 적용되기 시작한다. 미리 준비해야 발 빠르게 대처할 수 있다.

네 번째로 디지털 트랜스포메이션의 사례를 파악해야 한다. 이미 많은 회사가 디지털 트랜스포메이션을 진행하고 있고 성공 사례와 실패 사례가 공유되고 있다. 고객과 직원 경험이 어떤 영향을 미쳤는지에 대해 파악한다면 실제로 디지털 트랜스포메이션 과제를 진행할 때 큰 도움이 된다.

다섯 번째로 사용자 경험 전문 역량을 계속 넓히고 키워서 최고경험관리자CXO, chief experience office가 되도록 하자. IEEE 스펙트럼은 기사 「왜 소프트웨어가 실패하는지」에서 12가지 문제를 정리하였다. 그중 세 가지인 '시스템 요구 사항이 제대로 정의되지 않음' '회사와 개발자 그리고 사용자 사이의 불통' '이해당사자 간의 갈등' 등은 사용자 경험 전문가가 해결할 수 있는 것이다.[26] 이뿐만이 아니라 여러 회사에서 고객과 직원 경험에 관심이 없거나 잘못 알고 있는 경영진이 잘못된 의사결정으로 디지털 트랜스포메이션 과제를 망치고 있다. 고객·직원 경험에 관한 결정은 최고경험관리자가 할 수 있어야 한다.

정리

- 디지털 트랜스포메이션 과제는 비용이 많이 들고 시간이 오래 걸리고 많은 인원이 참여한다는 점에서 영화 제작과 유사하다. 영화가 결과물인 영상에 초점을 맞추는 것처럼 디지털 트랜스포메이션 과제는 결과물인 고객 경험과 직원 경험에 초점을 맞추어야 한다. 그러기 위해 고객·직원 경험을 사전 검증하고 프러덕트 매니저를 중심으로 과제를 추진하고 회사에 맞는 개별 역량을 확보하는 것이 필요하다.
- 디지털 트랜스포메이션 과제에 적합한 사용자 경험 전문가는 전략이 반영된 신상품 기획 역량, 미래의 고객·직원 경험을 발굴하는 창의성, 새로운 기술에 대한 이해가 필요하다.

| 미주 |

1. https://www.bcg.com/publications/2020/increasing-odds-of-success-in-digital-transformation
2. https://www.wsj.com/articles/SB10001424053111903480904576512250915629460
3. 디지털 트랜스포메이션, 2017. 조지 웨스터먼 외 2인
4. Gartner IT Symposium, 2020
5. https://www.bcg.com/publications/2020/increasing-odds-of-success-in-digital-transformation
6. https://www.servicedesignmaster.com/wordpress/wp-content/uploads/2019/06/PracticalAccesstoServiceDesignsinglepages.pdf
7. 직접 과제를 수행했던 디자이너의 글. https://brunch.co.kr/@lddog/37
8. Forrester, The Total Economic ImpactTM Of IBM's Design Thinking Practice, 2018
9. Cisco Systems 498억 달러, SAP SE 329억 달러, Oracle 118억 달러, Revenue 기준, https://www.macrotrends.net
10. http://www.efnews.co.kr/news/articleView.html?idxno=77036
11. Benefits of User-Centered Design, Usabilty.gov. https://www.usability.gov/what-and-why/benefits-of-ucd.html
12. Dan Shaffer, Design for Interaction
13. https://post.naver.com/viewer/postView.nhn?volumeNo=26824934&memberNo=6411495
14. uxdesign.cc https://uxdesign.cc/80-20-rule-how-the-pareto-principle-is-helping-designers-in-2020-7207b75f2f40
15. https://www.datanyze.com/market-share/email-hosting--23
16. Wall Street Journal, How Panera Solved Its 'Mosh Pit' Problem

17. https://www.joongang.co.kr/article/23597802#home

18. 일경 일렉트로닉스 2004년 5월 24일, 6월 4일. https://dotty.org/166

19. http://faculty.insead.edu/manuel sosa /documents/IDEO_A_w october 2008.pdf

20. Route 128/University Park Station

21. https://medium.com/@jacwex/how-design-supports-innovation-166fd9d2b073

22. IBM Enterprise Design Thinking https://www.ibm.com/design/thinking/page/framework/keys/hills

23. SIFTED 2019.11.5, https://sifted.eu/articles/innovation-agency-acquisitions/

24. https://www.youtube.com/watch?v=SpOzQP8fwYo&t=6s

25. Mark Knapp and Anita Vangelisti, Interpersonal Communication and Human Relationships, 2000

26. Why Software Fails, IEEE Spectrum, 2005/9/1. https://spectrum.ieee.org/why-software-fails

DX by UX 디엑스 바이 유엑스
: 사용자 경험 중심으로 디지털 트랜스포메이션하라!

초판 1쇄 인쇄 2023년 3월 24일
초판 1쇄 발행 2023년 3월 31일

지은이 이동석
펴낸이 안현주

국내 기획 류재운 이지혜 **해외 기획** 김준수 **메디컬 기획** 김우성
편집 안선영 박다빈 **마케팅** 안현영
디자인 표지 정태성 본문 장덕종

펴낸곳 클라우드나인 **출판등록** 2013년 12월 12일(제2013-101호)
주소 우) 03993 서울시 마포구 월드컵북로 4길 82(동교동) 신흥빌딩 3층
전화 02-332-8939 **팩스** 02-6008-8938
이메일 c9book@naver.com

값 19,000원
ISBN 979-11-92966-06-9 03320

* 잘못 만들어진 책은 구입하신 곳에서 교환해드립니다.
* 이 책의 전부 또는 일부 내용을 재사용하려면 사전에 저작권자와 클라우드나인의 동의를 받아야 합니다.
* 클라우드나인에서는 독자여러분의 원고를 기다리고 있습니다.
  출간을 원하는 분은 원고를 bookmuseum@naver.com으로 보내주세요.
* 클라우드나인은 구름 중 가장 높은 구름인 9번 구름을 뜻합니다. 새들이 깃털로 하늘을 나는 것처럼 인간은 깃펜으로 쓴 글자에 의해 천상에 오를 것입니다.